성공,
그 아름다운 공식
애티튜드
ATTITUDE

성공, 그 아름다운 공식 애티튜드ATTITUDE

발행일	2025년 8월 1일			
지은이	김봉관			
펴낸이	손형국			
펴낸곳	(주)북랩			
편집인	선일영	편집	김현아, 배진용, 김다빈, 김부경	
디자인	이현수, 김민하, 임진형, 안유경	제작	박기성, 구성우, 이창영, 배상진	
마케팅	김회란, 박진관			
출판등록	2004. 12. 1(제2012-000051호)			
주소	서울특별시 금천구 가산디지털 1로 168, 우림라이온스밸리 B동 B111호, B113~115호			
홈페이지	www.book.co.kr			
전화번호	(02)2026-5777	팩스	(02)3159-9637	
ISBN	979-11-7224-759-1 03190 (종이책)		979-11-7224-760-7 05190 (전자책)	

잘못된 책은 구입한 곳에서 교환해드립니다.
이 책은 저작권법에 따라 보호받는 저작물이므로 무단 전재와 복제를 금합니다.
이 책은 (주)북랩이 보유한 리코 장비로 인쇄되었습니다.

(주)북랩 성공출판의 파트너

북랩 홈페이지와 패밀리 사이트에서 다양한 출판 솔루션을 만나 보세요!

홈페이지 book.co.kr • **블로그** blog.naver.com/essaybook • **출판문의** text@book.co.kr

---

작가 연락처 문의 ▶ ask.book.co.kr

작가 연락처는 개인정보이므로 북랩에서 알려드릴 수 없습니다.

꿈꾸는 삶을 현실로 바꾸는 태도의 기술

성공, 그 아름다운 공식
애티튜드
ATTITUDE

김봉관 지음

왜 어떤 사람은 기회를 잡고, 어떤 사람은 놓치는가?
결국 승패를 가르는 건 실력보다 '태도의 힘'이다!

변화 설계자 김봉관 교수가 40년간
경영 현장과 강단에서 길어올린 실전 성공 철학

 북랩

| 시작하면서 |

　우리의 탄생이 기적이듯이, 우리의 인생도 생각하는 것보다 훨씬 더 많은 가능성이 열려 있다. 모든 것을 다할 수는 없지만 모든 것에 가능성이 열려 있는 것도 사실이다. 인생의 꿈은 그 가능성 중에서 자신이 가고자 하는 길로 명확하게 방향을 정하고 그곳을 향해 나아가는 것이다. 다시 말해, 누구든 자신만의 인생의 길이 있다는 것이다. 그 인생의 길은 다른 사람이 기대하는 내가 아니라 내가 바라는 '나다움'의 삶을 말한다. 나다움의 삶은 인생에서 주인공이 되는 삶의 방식으로 성공적인 삶이다. 하지만 가능성으로 만들어 낼 우리의 미래와 인생은 마음의 선택에 달려있다.
　우리에게는 자신이 생각하는 것보다 훨씬 많은 능력이 있으며, 자신을 성공적으로 변화시키는 데 필요한 충분한 유전자도 존재한다. 이제 그 성공의 유전자를 깨워 성공, 그 아름다운 삶으로 '나다움'의 발자취를 만들어 가는 빛나는 일을 시작해 보면 어떨까? 그 시작의 첫걸음은 우리 내면에 잠재된 성공에 대한 긍정적인 에너지, 'ATTITUDE'를 되찾아 회복하고 재무장하는 것이다. 'ATTITUDE'는 나다움의 삶, 그 꿈을 만들어 가는 성공의 8단계 전 과정을 이끄는 새로운 개념의 성공 공식이며 시스템이다. 그래서 나는 성공은 ATTITUDE에 달려 있다고 하는 것이다.

자신만의 성공적인 삶을 찾아가는 변화와 도전의 여정에서 "나는 할 수 있어(I'm possible)"라는 외침에 반응하는 'ATTITUDE'가 발휘하게 될 그 기적 같은 힘과 능력이 당신 것이 되었으면 한다.

끝으로 이 책을 만들어 준 북랩 편집진을 비롯한 북랩 가족들의 노고에 감사의 말씀을 드린다.

차례

| 시작하면서 |　　　　　　　　　　　　　　　　　　　　　　　　4

성공 공식, 애티튜드ATTITUDE란　　　　　　　　　　　　　13

애티튜드ATTITUDE 공식의 중심 사상　　　　　　　　　　　20

　　긍정적 관점에서의 회복과 재무장이다　　　　　　　　　20
　　되찾아 회복한 애티튜드ATTITUDE가 성공 비결이다　　　21

성공이란　　　　　　　　　　　　　　　　　　　　　　　22

제1단계
ATTITUDE의 A는 ATTITUDE, 태도

미래는 마음의 눈과 길에 있다　　　　　　　　　　　　　29

　　내 인생의 분기점　　　　　　　　　　　　　　　　　　31
　　Review Box 나다움의 삶으로 가는 여정에서　　　　　　35

태도가 모든 것을 결정한다　　　　　　　　　　　　　　38

　　과거는 바꾸지 못해도 미래는 바꿀 수 있다　　　　　　40
　　자신을 가두고 있는 틀　　　　　　　　　　　　　　　41

제2단계
ATTITUDE의 T는 TARGETING, 목표 설정

지금, 꿈을 향한 항해를 시작할 때이다	48
성공은 인생의 뜻(꿈, 목표)을 정하는 것이다	50
꿈은 인생의 나침판이다	51
Review Box 참된 인생	53
위대한 당신의 이야기를 만들어 가라, 그것이 인생이다	55
도전에는 필시 위험이 따른다	57
Review Box 인간의 본질	60
꿈, 절대로 포기하지 마라	63

제3단계
ATTITUDE의 T는 TRUST & ACTION, 믿음으로 행동하기

희망 공식	72
인생 최고의 선물, 큰 꿈으로 나아가라	74
Review Box 그저 그런 사람의 삶	77
미래와 인생은 마음의 선택에 달려 있다	78
마음 먹기의 힘	80

제4단계
ATTITUDE의 I는 Imagenation, 상상력과 자기암시

나다운 나를 찾아　　　　　　　　　　　　　　87

상상 속에 자란 꿈이 인생을 변화시킨다　　　89
자기 암시의 힘　　　　　　　　　　　　　　90

거짓 자아　　　　　　　　　　　　　　　　93

부정적인 마음의 창을 닫아야 꿈이 보인다　　94

제5단계
ATTITUDE의 T는 Temperance, 절제력

절제력은 감정의 균형추　　　　　　　　　　103
절제력은 재생 자원이다　　　　　　　　　　104

제6단계
ATTITUDE의 U는 UNDERSTANDING, 자기 이해와 깨달음

나는 남과 다르기 때문에 다르게 산다   111

    내 운명의 주인공은 나 자신이다   113
    타인의 시선   114
    집단주의에서 벗어나 외로운 길을 가라   115

인생은 고정된 것이 아니라 바라는 그 무엇이 되어 가는 과정이다   118

    성공을 준비하라, 성공은 준비된 사람의 몫이다   119

실패는 선물이다, 포기하지 마라   122

    실패를 채워라   125

성공적인 삶이란 찾는 것이 아니라 만들어 가는 것   128

    오늘이라는 시간에 대한 자각   131
    `Review Box` 나는 어떤 사람인가?   134

인생의 안전지대   136

    두 개의 눈   138
    또 다른 이해와 깨달음으로 나아가라   139

제7단계
ATTITUDE의 D는 Doing Change & Challenge, 변화와 도전

성공은 도전이 아니라 변화이며, 변화는 마음의 선택이다   **146**

    우리가 꿈꾸고 바라보는 세상은 미래에 있다   **148**

변화는 희망이다   **151**

    변화와 결단의 때가 있다   **153**

두려움은 행동을 시작할 때 그 힘은 잃어버린다   **156**

    변화, 그 멋진 선택   **160**
    `Review Box` 성장 마인드셋과 고정 마인드셋   **163**

안전지대를 벗어나자   **166**

제8단계
ATTITUDE의 E는 Endless Effort, 끈질긴 노력

성공은 언제나 끈기와 노력이다   **174**

    성공은 후회하지 않은 자의 몫이다   **176**
    성공은 노력이다   **177**

광야로 가라   **179**

    위대한 여정을 시작할 때이다   **181**
    신은 절대로 실패를 바라지 않는다   **183**
    무쇠소년단의 도전과 고난 그리고 성공   **185**
    `Review Box` 씨앗의 법칙, 심은 대로 거둔다   **187**

희망의 닻을 올려라   **190**

    절대로 포기하지 마라   **191**

성공은 결국 '애티튜드ATTITUDE'에 달려 있다   **194**

    | 참고 문헌 | **197**

성공 공식, 애티튜드ATTITUDE란

    ATTITUDE는 긍정적인 관점에서 인생 태도, 즉 생각, 행동, 반응에 대한 회복과 재무장을 바탕으로 성공적인 인생 변화를 이루어 가는 과정을 각 단계별로 구조화한 새로운 개념의 성공 공식이다. ATTITUDE는 Attitude(태도), Targeting(목표설정), Trust & Action(믿음으로 행동하기), Imagination(상상력, 자기암시), Temperance(절제력), Understanding(자기 이해, 깨달음), Do Change & Challenge(변화, 도전), 그리고 Endless Effort(끈질긴 노력)의 영문 앞 자의 모음으로 구성되어 있다.

    이들 요소로 구성된 성공 공식 ATTITUDE는 다음과 같다.

    ATTITUDE = F(Attitude + Targeting + Trust & Action + Imagination + Temperance + Understanding + Do Change & Challenge + Endless Effort)

이 책에서는 ATTITUDE의 각 요소가 하나의 성공 공식의 묶음으로서 바라는 인생 변화를 이끄는 8단계의 과정에서 서로 넘나들며 조화를 이루어 가는 과정을 체계적으로 보여 줄 것이다. 이후에는 ATTITUDE를 '애티튜드'로 명명하고, 이를 구성하는 각 개념을 다음과 같이 제시한다.

1단계 A는 Attitude, 태도이다

A는 '애티튜드ATTITUDE'를 관통하는 가장 기본적인 마음가짐이다. 성공 공식 A는 희망(hope), 자신감(self-efficiency), 회복력(resilience), 낙관성(optimism)으로 무장된 긍정적인 태도(positive mental-attitude)이다. 이들 요소는 우리 안에 존재하는 또 다른 자산이며 능력이다. 이에는 사고방식, 마음가짐, 그리고 생각을 포함하고 있다.

2단계 T는 Targeting, 목표 설정이다

꿈이 없다면 인생에서 바라고 원하는 삶에 대한 목표도 없다. 성공 공식 T, 목표설정은 인생의 나침판(꿈), 길잡이(목표)와 같은 것으로 인생에서 되고자 하는 내가 원하는 삶을 실현하고자 하는 시작점에 서는 것이다. 분명한 꿈을 가진 사람만이 꿈꾸는 미래의 삶이 현실이 될 것이다.

3단계 T는 Trust & Action, 믿음으로 행동하기이다

자신이 꿈꾸는 인생의 변화를 믿고 행동하는 사람만이 그 꿈꾸는 삶이 현실이 될 수 있다. 성공 공식 T에서, 믿음은 꿈으로 가는 성공 여정을 지탱해 주는 기둥과 같은 역할을 하며, 그 믿음이 행동으로 연결될 때 성공은 이루어질 수 있음을 증명할 것이다.

4단계 I는 Imagination, 상상력과 자기암시이다

성공 공식 I는 상상력과 자기암시의 묶음으로 성공을 이끄는 내면의 동반자이다. 상상력은 미래의 꿈과 목표를 마음속으로 그려보는 능력이다. 이 능력은 긍정적인 자기암시와 연결하여 꿈과 목표에 대한 희망과 용기를 갖게 하는 데 중요한 역할을 한다. 자기암시는 자신의 마음에 주는 영양분과 같은 것으로 잠재의식에 긍정적인 감각과 주의를 기울이게 하는 일종의 의식적인 인식 기술로서 꿈을 상징화하고 구체화하는 작업에 도움을 준다. 상상력과 긍정의 자기암시는 마음을 굳게 하여 실질적인 행동을 통해 꿈을 이루는 성공을 증명할 것이다.

5단계 T는 Temperance, 절제력이다

절제력, T는 생각과 감정, 행동에 대한 균형을 유지하는 균형추이며, 이 균형을 지속화시키는 재생자원으로 구성되어 있다. 감정의 균형추 및 재생자원은 목표 추진 과정에서의 내적 충동이나 외적 저항을 조절하고 균형을 유지하여 극복하는 능력으로서 자신의 행동을 지배하는 힘의 원천이다.

T는 단순히 욕구를 억제하는 것만이 아니라 목표하는 바를 위해 필요한 의지력과 자기조절 및 통제를 포함하고 있다. 내, 외적 자극에 따른 충동을 억제하고 목표를 향한 굳은 의지야말로 절제력의 본질적 힘이다. 성공적인 인생을 위해서는 자신의 욕망이나 감정을 절제하고 조절하는 희생이 따라야 한다. 이러한 의미에서 성공 공식 T는 인생에서 겪는 시련과 풍파 속에서 나아갈 길을 잃지 않고 목표하는 방향으로 나아갈 수 있도록 돕는 마음의 관리자와 같다.

6단계 U는 Understanding, 자기 이해와 깨달음이다

성공 공식 U는 자신의 길을 찾아 나서는 여정에서 맞닥뜨리게 되는 갖가지 문제 상황에 대한 올바른 이해와 해결 방법을 찾아가는 깨달음의 과정이다. 바꾸어 말하면, 꿈을 향해 나아가는 길은 단순히 낯선 먼 길을 여행하는 것과 비교되지 않을 만큼 불확실하고 험한 여정이다. 그러기에 자신이 이루고자 하는 꿈이 정확하게 무엇이며, 그것을 위해 무엇을 해야 하는지에 대한 올바른 자기 이해와 성찰이 명확하게 되어야 한다.

7단계 D는 Do Change & Challenge, 변화와 도전이다

우리는 변화를 두려워하면서도 끊임없이 변화를 경험하고 있다. 어제의 세상과 오늘의 세상이 다르듯이 변화를 겪지 않고 우리가 바라는 더 나은 상태로 나아가는 것은 도무지 가능하지 않다. 우리가 현재라는 삶의 방식이나 환경을 벗어나는 유일한 방법은 성공 공식 E, 즉 스스로가 변화를 만들어 가는 변화의 주체가 되는 도전뿐이다. 우리 인생에서 최상의 도전은 자신이 목적하는 바를 정하고 그것에 도달하기 위해 스스로 현재의 상태를 바꾸는 변화를 선택하는 것이다.

8단계 E는 Endless Effort, 끈질긴 노력이다

성공은 E 공식의 열정, 끈기, 노력이 조화를 이루어 만들어 낸 보상이다. 우리 의지를 발휘할 수 있는 부분은 끈질긴 노력이다. 간절히 원하는 꿈이 있고 끈기가 있다면 그 무엇도 성공으로 가는 길을 막을 수 없다. 인생의 길에서 열정은 난관 속에서 더욱 빛나며, 노력은 실패조차도 성공으로 변화시킨다. 그리고 용기와 희망으로 만들어 내는 노력은 언제나 승리한다. 인생 여정에서는 참고 인내하면서 노력해가는 것이 필요하다. 더욱이 자신이 원하는 인생, 즉 꿈을 안고 가는 희망의 여정은 더욱 그러하다. 희망은 언제나 고통의 언덕 너머에서 기다린다. 이러한 여정에서 애티튜드ATTITUDE의 마력이 함께하여 끝내 꿈꾸는 성공적인 삶이 현실이 되도록 이끌 것이다.

애티튜드ATTITUDE 공식의 중심 사상

긍정적 관점에서의 회복과 재무장이다

성공 공식의 애티튜드 핵심은 인생에 대한 긍정적 관점에서의 회복과 재무장이다. 이를 통해 스스로 규정한 자신에 대한 한계를 벗어나 바라는 변화와 성공적인 인생을 찾아가는 도전에 나서는 것이다. 이 성공 공식은 자신이 꿈꾸는 성공적인 삶에 대한 마음가짐, 삶의 목표, 자신에 대한 이해와 믿음, 상상력, 절제력, 변화, 그리고 노력 등에 대한 총체적인 태도를 긍정적인 관점에서 재무장하는 인생의 결의를 담고 있다.

되찾아 회복한 애티튜드ATTITUDE가 성공 비결이다

　애티튜드 공식은 되고자 하는 내가 되어 원하는 삶을 꿈꾸는 성공적인 인생 여정의 전 과정에 관여하고 이끌어 가는 성공의 비결이며 시스템이기도 하다. 애티튜드 공식은 자신 삶에 꿈과 목표를 명확하게 하여 긍정적 관점에서 내면의 성공 에너지를 일깨우며, 꿈과 목표로 향하는 여정에서 위기와 고난에 직면할 때마다 회복력을 발휘하여 바람직한 행동으로 끝내는 바라는 변화를 일으켜, 꿈꾸는 삶으로 이어지게 하는 강력한 힘과 능력이다.

　이러한 측면에서 애티튜드ATTITUDE는 꿈꾸는 사람이 이루어 낼 성공의 발자취가 될 것이다. 성공의 발자취는 꿈을 이루어 낸 사람이 누릴 행복한 인생 즉, 즐거운 삶(pleasant life), 적극적인 삶(engaged life), 의미 있는 삶(meaningful life)이다.

성공이란

    성공 현상을 이해하기 위한 첫걸음으로 우선 성공에 대한 정의를 분명히 할 필요가 있다. 이 책에서 성공에 대한 정의는 성공 현상의 범위를 규정하는 것으로, 우리가 어떤 것들에 집중하여 성공을 살펴볼 것인가를 결정하는 것이다. 그리고 성공과 실패에 대한 개념 간의 차이를 분명히 해주는 역할도 한다.

    이러한 관점에서 성공이란 꿈을 성취해 낸 인생을 의미한다. 다시 말해, '인생에서 되고자 하는 내가 되어 원하는 삶을 사는 것'으로 정의한다. 성공적인 삶의 모습은 다른 사람의 기대를 충족시키는 것이 아니라 오직 자신이 바라는 삶으로서의 꿈을 이루고 그것으로 누리는 행복한 삶이다.

제1단계

ATTITUDE의 A는 ATTITUDE, 태도

성공 공식 A=F〈희망, 자신감, 회복력, 낙관성〉

성공 공식 A는 인간 내면에 존재하는 희망, 자신감, 회복력, 낙관성의 심리적 특성들의 묶음으로 이들이 발휘하는 긍정적인 측면에서의 태도(positive mental-attitude)이다. 이 태도는 필연적으로 긍정적으로 반응하고 행동하여 바람직한 결과로 이어지는 생각, 사고방식, 마음가짐이다.

   A는 본질적으로 마음의 창이 불가능을 보는 것이 아니라 가능성을 보는 시각이다. 이는 우리가 과거는 바꿀 수는 없지만, 현재는 바꿀 수 있다는 태도이다. 이런 의미에서 A는 성공 공식 '애티튜드ATTITUDE'의 전 과정에서의 가장 기본적으로 유지되는 마음가짐이다.

   우리의 행동이 마음의 선택, 즉 마음가짐에 따라 달라지듯이 자신의 감정과 태도는 자신이 선택해야 바꿀 수 있다.

A는 HERO이다

성공 공식 A는 'HERO'이다. HERO는 특별한 긍정심리 상태로서 우리 내면에 존재하는 또 다른 자산이며 능력이다. 다시 말해 HERO(이하, 히어로)는 희망(hope: H), 자신감(self-efficiency: E), 회복력(resilience: R), 낙관성(optimism: O)의 긍정심리 요소를 구성하는 영문 앞 자의 모음이다.

구체적으로 히어로HERO는 자신의 꿈과 목표에 대한 성공 의지로서 목표 달성에 대한 자신감, 목표 달성 과정에서 난관에 직면했을 때 이를 극복하여 긍정적인 심리상태로 회복시켜주는 회복력, 그리고 성공에 대한 낙관적인 신념과 사고방식을 유지하는 낙관성으로 무장된 긍정적인 심리상태를 의미한다.

A는 성공 공식 애티튜드ATTITUDE에 장착된 영웅(HERO)이 되어, 광야로 나아가 홍해를 건너는(crossing you red sea) 기적을 만들어 내는 성공 여정에서 그 놀라운 힘을 발휘할 것이다. 또한 A는 자신의 인생에 강력한 성공 의지를 보여 주며(희망), 자신을 사랑하는 자신을 알려준다(자신감). 그리고 위기와 고난에서 자신을 격려하여 회복시켜(회복력), 자신이 처한 상황을 낙관적으로 이해하도록(낙관성) 도와 끝내 시련을 극복하고 목표를 이루어 내는 영웅적 힘을 발휘한다.

A는 마음의 밭에서 자라는 긍정적인 태도이다

긍정적인 태도(positive mental-attitude)란 A를 구성하는 4가지 플러스적 특성들이 지닌 인간의 잠재된 능력이다. 이러한 태도는 바람직한 변화를 가져다주는 중요한 자질이다. 우리가 흔히 하는 "모든 것이 태도에 달려 있다"라는 말은 여기에 근거하고 있다. 긍정적인 태도는 '다시 한번 해 보자'라는 마음가짐이 가장 큰 특징이다.

우리의 마음은 밭과 같다. 마음의 밭에 무엇을 심느냐에 따라 인생의 열매가 달라진다. 우리가 그곳에 매화 씨를 심으면 한겨울에 눈을 맞으면서도 매화꽃을 맺듯이 심은 대로 거두게 되는 것이다. 근데 희소식은 그 밭에 무엇을 심을 것인가에 대한 선택은 오직 자신에게 달려있다는 것이다. 만일 마음의 밭에 '나는 할 수 없어'라는 패배의 씨를 뿌리면 절망, 두려움, 좌절 같은 비관의 씨가 자라 패배의 열매를 맺을 것이다. 하지만 희망찬 꿈을 심으면 자신감, 희망, 회복력, 낙관성의 영웅적 힘HERO이 강한 줄기가 되어 성공의 열매가 잘 맺을 수 있도록 그 힘을 발휘할 것이다.

강조하지만 우리는 무엇이든 선택할 수 있다. 인생에 대하여 어떤 마음가짐을 가질 것인지는 각 사람의 선택이다. 만일 자신이 바라는 변화를 갈망한다면 두려움이나 절망의 열쇠로 미래의 문을 여는 것이 아니라 가능성과 기회의 열쇠로 문을 여는 긍정적인 마음가짐이 필요하다. 긍정적 마음가짐이 가진 힘은 자기 파괴적 행동을 줄이고, 감정, 정신, 신체 건강을 도와주는 긍정적 호르몬이 배출됨으로써 좋은 결과에 도달하도록 한다. 또 하나는 부정적인 생각을 통제하여 원하는 것을 떠올리고 유지하며 시각화하도록 돕는다.

A는 긍정적인 태도로 바라보는 시각이다

하버드대학교 심리학 윌리엄 제임스(W. James) 교수는 "인간은 단지 마음의 상태를 바꾸는 것만으로도 삶을 변화시킬 수 있다는 사실이야말로 가장 위대한 발견"이라고 했다. 그의 말과 같이 인생을 바꾸려면 인생을 대하는 태도를 긍정적으로 바꾸면 된다. 우리가 외부 환경을 바꾸는 것은 불가능하지만 그것을 대하는 우리의 생각이나 마음가짐에 따른 태도는 언제나 바꿀 수 있다. 우리가 다룰 수 있는 대상 중 하나가 마음이기 때문이다. 미래도 생각이나 마음가짐에 따라 그렇게 될 것이다. '꿈은 이루어진다'라고 생각하면, 그것이 행동을 낳고 그 꿈을 향한 희망으로 기회의 문을 열게 될 것이다.

이렇게 보면, 인생을 대하는 태도가 우리의 운명을 결정한다고 해도 과언이 아닐 것이다. 시간이 흐른다고 해서 미래에 '되고 싶은 나', 혹은 '원하는 나'가 되진 않는다. 성공한 사람은 긍정적인 태도로 자신이 바라보는 인생을 만들어 간 사람이다.

미래는 마음의 눈과 길에 있다

사람마다 저마다의 생각의 길이 있다. 생각의 길은 어떤 상황이나 자극에 대하여 인식하는 일종의 '인식 렌즈'이다. 이는 사고방식, 생각의 패턴, 자극에 대한 반응의 틀이기도 하다.

만일 꿈과 목표에 대한 인식 렌즈가 온통 불안과 두려움과 좌절과 패배의 부정적인 길을 비춘다면, 생각의 길은 온통 두렵고 힘들고 험난할 것이다. 반면에 긍정의 렌즈에 비추어진 길이 가시가 뒤엉킨 장미를 보여주는 것이 아니라 그곳에서 피어나는 장미꽃을 보여준다면, 그 생각의 길은 인생에서 기회이며 희망이다. 그래서 우리는 기회의 문을 열고 희망의 미래로 나아갈 용기의 힘을 얻게 된다.

미국의 기업가이자 작가인 클레멘트 스톤(W. Clement Stone)이 "성공은 도전과 장애물이 있는 험난한 지형을 헤쳐나가는 여정이다. 이 대탐험에는 지름길도 없고 곧바로 승리하는 비밀통로도 없다. 그래서 성공하려면 매일매일 긍정적 마음가짐으로 행동하는 인내심과 일관된 끊임없는 노력이 필요하다"라고 말했다. 스톤의 말과 같이, 성공으로 가는 길은 가파른 언덕과 위험한 굴곡으로 가득 찬 험난한 지형이다. 그 험난한 지형을 극복하려면 자신의 길이 무엇인지에 대하여 정확하게 인식하는 것이 우선이다. 그래야만 그 길로 한 걸음, 한 걸음 나아갈 수 있다. 그렇게 함으로써 성공에 대한 강력한 의지와 열정의 씨앗이 자신의 길에 뿌려지고, 꽃을 피우고, 열매를 맺게 될 것이다.

성공학의 대가 나폴레온 힐(N. Hill)의 말처럼, "성공은 내가 그것을 간절하게 마음에 품고 그것을 믿는다면 난 그것을 이룰 수 있다"라는 긍정적인 태도로 지속적으로 노력하는 사람에 의해 달성되고 유지된다. 결국 우리의 인생은 그 사람이 가진 재능의 차이가 아니라 그 재능을 대하는 마음가짐, 태도의 차이가 큰 차이를 만들어 내고 그 차이에 의해 달라질 것이다.

그렇기에 성공을 향한 도전의 길에서 우리가 머문 시선과 태도는 구름의 밝은 가장자리(silver lining)를 볼 수 있는 긍정의 렌즈가 마련되어야 한다. 우리가 오직 성공 의지와 믿음이 담긴 긍정적 태도로 희망의 깃발을 높이 세우고 나아갈 때, 마음의 밭에 심어둔 긍정의 에너지가 자신 내면의 히어로HERO를 깨워 가시덤불 속에 가시가 있다는 것을 알지만, 그래도 손을 내밀어 꽃을 발견하려는 일을 그만두지 않을 것이다.

2001년~2009년 미국 국무부 국가장애위원회 정책차관보를 역임하였고, 베스트셀러 작가이기도 한 강영우 박사, 그는 중학교 시절 사고로 실명하여 시각장애인이 되었다. 사고 전, 후로 부모와 누나를 잃고 맹인고아가 되었다. 맹인학교에 들어간 그는 점쟁이나 안마사가 그의 미래라고 생각했고 삶을 포기하고 싶은 시절도 있었다. 하지만 학문을 갈망했던 그는 시각장애인이라는 이유로 대학에서 원서접수를 거부당하는 수모를 겪기도 했지만, 결국 대학을 거쳐 미국 피츠버그대학교 교육학박사 학위를 취득하여 우리나라 최초 시각장애인 박사학위를 받은 사람이 되었다. 그는 "내 눈에는 희망만 보였다"고 그의 책에서 고백했다. 그는 자신 인생을 부정하기보다는 긍정적인 생각의 길을 열고 행동으로 자신의 길을 만들어 냈다.

당신은 자신의 마음과 생각을 통제할 수 있다. 당신이 스스로에 실망하지 않는다면 어떤 장애물도 결코 당신의 길을 막아 세울 장벽이 될 순 없을 것이다. 강영우 박사의 눈에 비친 희망처럼.

내 인생의 분기점

되돌아보면 나의 청년 시절, 부친의 사업 실패로 인한 부채가 내 몫이 되어 그 무게로 오랫동안 궁핍한 생활이 몸서리치듯 이어졌다. 등록금이 걸림돌이 되어 긴 시간이 걸린 대학 졸업 후에는 대기업에 입사하여 6년 정도를 재직하면서 최우수공로상을 비롯하여 여러 개의 표창장을 수여하는 등 적잖은 성취 증거들도 남겼다. 그곳에서 성공적인 미래도 꿈꿀 수 있었다.

하지만 내 인생에서 전환점(turning point)이 된 계기는 "내가 진정으로 바라는 삶의 모습은 무엇일까?"에 대한 물음에 답해야 하는 순간이었다. 중 2학년 이후 마음 깊은 곳에 숨어있던 교수가 되는 삶에 대한 열망이 깨어났고, 교수가 되어 나다운 삶을 살아가는 사람이 되겠다는 선언과 결단에는 큰 용기가 필요했다. 나는 그 열망, 꿈을 찾아 그동안 자랑스럽게 여겼던 직장을 그만두고 도전과 변화의 낯설고 두려운 광야로 인생의 방향을 새롭게 틀었다. 그 선택은 내 삶의 분기점이었고, 꿈으로 가는 가능성의 문을 여는 희망의 순간이었다.

비록 원하는 삶에 대한 희망으로 가는 선택일지라도 현재의 익숙한 직장이나 생활방식을 포기해야 한다는 아쉬움, 선택에 대한 불안감 등을 피할 수는 없었다. 더불어 가족의 질타와 비난은 더 아프게 다가왔다. 언제나 그러했듯이 고독한 결단만이 '되고 싶은 나'를 향한 희망의 돛을 올리는 기회가 되었다. 나 역시도 많고 많은 타인의 시선을 의식하며 외적으로 성장할수록 내적으로는 더욱 불안한 상황에 놓이기도 한다. 어느 순간, 진정으로 자신이 바라는 삶을 무시한 채 불충분한 외적 삶을 추구하며 살아왔다는 사실을 자각하고, 이를 바로잡을 순간이 찾아오기도 한다. 하지만 현재 상황을 변화시킬 결단보다는, 현재의 삶을 지탱하고 있는 안전지대를 내려놓아야 한다는 불안감과 실패에 대한 두려움으로 익숙해진 현재 상황을 핑계 삼아 그 순간을 외면해 왔던 것은 아닐까?

　우리는 자신이 바라고 원하는 삶을 사는 것보다는 현실에 맞춰 안주하며 살고 있지는 않은가? 우리가 일상에서 즐거움을 찾지만, 내면 깊은 곳에 '되고 싶은 나'에 대한 꿈으로 갈망과 상상을 하면서 살아가고 있지는 않은가? 생각해 보길 바란다.

　인간은 각자의 꿈으로 더 나은 삶을 염원하는 존재이다. 그러기에 더 나은 삶을 꿈꾸는 사람이라면, 현재와 같은 시간의 흐름에 익숙한 현실과 삶의 방식에 대하여 외면할 수 없는 내면적 갈등이 증폭되기도 할 것이다. 우리가 꿈꾸는 삶이 갖가지 이유, 그 이유가 대부분이 핑계일지라도 무모하다고 생각하는 것을 과감하게 도전해 보면 어떻겠는가? 우리의 탄생에는 분명한 목적이 있다. 그것이 남들과 구별되는 나의 길, 즉 '되고 싶은 나'가 되어 원하는 삶을 사는 것이 아닐까? 그것이 우리가 바라는 목적 있는 삶이다.

　인생은 드라마와 같이 극적(dramatic)이다. 그러기에 우리는 자신이 상상하는 자신만의 인생길을 꾸며낼 드라마의 시나리오가 필요하다. 신(God)은 우리 인생을 완성품으로 주지는 않았다. 단지 필요한 자질을 주셨을 뿐이다. 그러니 상상 속에 남겨져 있던 그 바라는 삶, '되고 싶은 나'를 향한 그 길을 스스로 만들어 가야 한다. 우리가 완성해야 할 인생은 성공적인 삶, 그 삶을 그려낼 감동의 실화이다. 이 실화의 스토리를 만들어 낼 제작자이며 주역은 바로 '나' 자신이다. 자신이 아닌 그 누구든 다른 사람이 자신의 인생 스토리를 써 간다면, 그 드라마는 뒤죽박죽되어 원하는 결말을 상상할 수 없다. 그것은 참으로 '나의 나 됨'을 포기하는 예고된 비극적인 결말일 것이다.

우리 인생이 분명한 목표를 향해 나아갈지라도 때론 지독하게 휘청거리고 넘어질 수 있다. 그 넘어짐이 짐이 될 순 없다. 성공은 그 꿈에 우리 자신을 맡기고 꿈으로 가는 여정을 채워감으로써 이루어지는 것이다. 우리가 되찾아 결의한 '애티튜드ATTITUDE'로 무장되어 있다면, 넘어지면 다시 일어서면 된다. 이러한 태도가 성공 공식 A가 추구하는 중심적인 마음가짐이다. 꿈을 이룬 인생은 기쁨과 감사이다. 우리의 삶이 그러해야 한다. 다른 사람에 의해 만들어진 기쁨이 아니라, 포기하지 않게 한 것에 대한 감사의 삶 말이다.

Review Box

나다움의 삶으로 가는 여정에서

우리는 누구든 각자가 목적 있는 사람으로 이 세상에 태어났다. 이 목적이 있는 삶은 우리에게 본질적인 질문에 답하도록 요구하고 있다. 나는 누구이며 무엇이 되어 어떻게 살 것인가? 이 질문은 우리 자신을 향해 가는 '나다움'의 삶에 대한 해답을 찾는 것이다. 그러면 누구라도 그 나다움의 삶으로의 여정을 시작할 수 있을 것이다. 그것이 신이 우리에게 주신 선물이다. 이 선물을 자신의 것으로 만들어 가는 여정에서 반드시 동반해야 할 것이 있다. 그것은 나다움의 삶을 실현할 수 긍정적인 관점과 마음가짐이다. 그 긍정적인 마음가짐이 없다면 나다움으로 절대로 나아갈 수 없다. "비관론자는 모든 기회에서 어려움을 찾아내고, 낙관론자는 모든 어려움에서 기회를 찾아낸다"라는 위대한 영국 수상 윈스턴 처칠의 말처럼.

신은 우리에게 그 나다움의 삶, 그 선물을 찾아가는 데 필요한 능력을 주셨다. 그래서 그 능력을 주어진 선물을 찾아가는 데 사용해야 한다. 하지만 부정적인 생각으로는 우리 내면에 잠재된 그 능력을 드러내어 사용하지 못하고 우리 인생에서 멀어지게 될 것이다.

성공에는 끈기, 불굴의 의지라는 그릿(Grit)의 상품이 필요하다. 그것은 심리학자 안젤라 리 더크워스(A. Duckworth) 교수가 그의 책『Grit』에서 주장한 성공 덕목이다. 그녀는 다양한 분야에서 성공한 사람들에 대한 다양한 분석에서 성공한 사람들의 특별한 점과 공통된 특성을 발견했는데, 그것을 '그릿'이라고 명명하였다.

그릿은 장기적인 목표에 대한 열정과 끈기로서 그것이 성공을 이끄는 핵심 요인이다. 새로운 도전에는 많은 역경과 실패가 필수적으로 따르지만 포기하지 않는 의지, 열정과 끈기 있는 태도가 성공을 만들어 내는 원동력이 된다는 것이다. 이러한 성공을 이끄는 핵심 요소의 뿌리는 바로 긍정적 태도이다. 이 긍정적인 태도가 신이 우리에게 주신 인생의 선물을 나다운 삶으로 만들어 출발점이 될 것이다.

그리고 나다움의 삶은 자신 삶의 사명, 가치를 실현하는 것이기도 하지만, 그 삶이 사회적 나눔으로 이어질 때 참으로 아름답고 참된 나다운 삶의 모습이다.

경영학을 전공하여 기업에 경영컨설팅을 하면서 또 대학에서 경영자 아카데미 과정의 원장으로 역임하면서 많은 기업경영자를 만나서 대화를 나눌 기회를 가진 바 있다. 그들 중에서 나눔의 삶을 실천하는 경영자 중에서 한 사람을 소개하면, 교통시설물 관련 사업체를 경영하는 성풍솔레드(주) 부산의 김장희 사장이다. 그는 만날 때마다 무엇인가를 기대하게 한다. 이번에는 무엇으로 공동체와 나눔을 실천할까? 그는 여지없이 귀하고 생소한 것으로 나눈다. 그 베풂에는 나눔의 마음뿐만 아니라 정성과 노력이라는 대가가 필요하다. 그런 그의 나눔의 마음과 정성이 스며들어 오래 기억되고 기쁨으로 남겨지며, 또한 공동체에 번져나가게 될 것이다. 기쁨은 내가 가진 것을 진심으로 나눌 때 더욱 커지는 것이 아닐까? 참된 성공은 나눔이 함께할 때 더욱 아름답다.

태도가 모든 것을 결정한다

　발명왕 에디슨이 67세일 때 화재로 공장이 완전히 전소되어 평생의 발명품 대부분이 사라져 버렸다. 피해 규모는 2백만 달러를 상회했지만, 화재가 난 건물의 보험은 238,000달러밖에 들어 있지 않았다.
　화재가 난 다음 날 에디슨은 연기에 그을린 공장을 바라보면서, 우려 섞인 표정으로 바라보는 가족과 친구들에게 "친구들, 이번 재난으로 큰 가치를 얻었다네. 보게, 실수했던 모든 것이 다 사라져 버렸어. 이제 다시 시작할 수 있다."라고 말했다. 놀랍게도 화재로부터 3주 후 에디슨은 수많은 사람에게 즐거움을 가져다주고 연예계에 혁명을 가져온 새로운 발명품 '축음기'를 개발하였다. 에디슨이 화재로 인한 사고에 대하여 '더 나은 시도를 위한 새로운 기회'라는 긍정적인 태도가 아니라 '돌이킬 수 없는 치명적인 사고'라는 부정적인 태도였다면 그의 작품 중 가장 귀중한 발명품 하나가 아마도 만들어지지 않았을 것이다.

이처럼 우리가 환경을 주어진 것으로 가정할 때, 우리가 취하는 행동의 강도는 능력보다는 의지와 그것에 대한 태도에 따라 결정된다. 그 이유는 능력의 변화는 많은 시간과 노력이 필요하지만, 태도는 단지 우리의 마음가짐에 따라 즉각적으로 변화할 수 있기 때문이다. 에디슨이 재난 앞에 좌절과 상실감보다는 희망과 긍정적인 태도를 선택한 것처럼.

세계적인 베스트셀러 작가이며 동기부여가 지그 지글러(Zig Zigler)도 "인생의 고도(높이)를 결정하는 것은 결코 재능이나 지식이 아니라 태도(It is not your aptitude but your attitude that determines your altitude in life)"라고 역설했다. 사람의 일생은 그가 생각하는 대로 된다는 말은 대다수 성공자의 이야기다. 지식만으로 성공하고 행복해지는 사람은 거의 없다. 행복은 성적순이 아니지 않은가? 오히려 마음씨가 좋아야 한다.

마음에도 '씨'가 있다. 마음에 씨가 있기에 열매가 맺는다. 마음씨란 '마음을 쓰는 태도'를 의미하는데, 그 마음의 씨를 부정적인 태도가 아니라 긍정적인 태도로 사용하면 그 열매는 성공이 되고 행복이 된다. 예컨대, "나는 청년기에 앞이 보이지 않을 만큼 절망스러웠지만 꿈꾸는 삶을 이루어내야겠다는 의지를 더욱 굳게 가졌고, 실패에도 다시 한번 해보자는 마음가짐으로 끈질기게 노력할 수 있었다. 그리고 그 꿈을 이루어 냈다."는 어느 교수의 고백처럼.

과거는 바꾸지 못해도
미래는 바꿀 수 있다

우리 인생이 우리가 뜻하는 대로 다 되지는 않지만, 인생을 어떻게 살 것인지에 대한 마음의 결정은 자신의 몫이다. 베스트셀러 작가 장샤오헝이 말했다.

"세상사는 마음 먹기에 달려있다. 환경을 바꿀 수 없다면 자신을 바꾸면 된다. 내리는 비를 그치게 하지는 못해도 대신 우산을 쓰고, 눈앞에 길이 막히면 돌아갈 길을 찾으면 되는 것처럼 말이다. 단지 생각을 바꾸면 많은 것이 달라진다."

그의 말처럼 우리의 미래를 결정하는 것은 마음가짐에 달려있다. 자신의 삶을 바라보는 태도에 따라 행동의 방향과 강도가 결정되기 때문이다. 인생이라는 승부의 연속에서 그 결과는 능력과 열정도 중요하지만 가장 중요한 것이 태도의 차이이다.

일본 송하전기(현, 파나소닉) 회장 마츠시타 고노스케는 매우 가난한 집에서 태어났다. 집이 가난했기 때문에 구두닦기, 신문팔이와 같은 다양한 일을 경험했던 그는 그런 일을 통해 세상을 살아가는데 필요한 소중한 경험을 쌓을 수 있었다고 회고했다. 그리고 초등학교 4학년의 중퇴로 배움이 부족했기에 만나는 사람들을 스승으로 여기고, 그들로부터 배워 깨우치고 지혜를 얻는 일을 게을리하지 않았다고 한다. 그의 긍정적인 태도가 일본에서 경영의 신이라고 불릴 만큼의 성공한 기업가로서 영향력 있는 사람이 될 수 있었던 바탕이 된 것이 아닐까 생각해 본다.

이런 맥락에서 그는 저서에서 "성공을 막는 가장 큰 훼방꾼은 성공할 수 없을 것이라는 부정적인 사고"라고 했다. 그렇다. 굳이 고노스케의 말을 빌리지 않더라도 성공을 방해하는 사람은 바로 '자기 자신'인 것이다. '나는 할 수 없다'라는 부정적인 덫에서 탈피하지 못한다면 결코 꿈을 이루어 내는 성공자가 될 수 없을 것이다.

GIGO란 '가비지 인 가비지 아웃(Garbage In, Garbage Out)'의 약자로, 쓰레기를 입력시키면 결국 쓰레기밖에는 나오지 않는다는 뜻이다. 부정적인 마음에서 나오는 생각으로는 결코 좋은 결과를 기대할 수 없다. 성공을 바라는 사람은 성공을 생각하게 된다. GIGO(Good In, Good Out) 해 보자! 좋은 것이 들어가면 좋은 것이 나오지 않겠는가? 다른 노력이 다른 결과를 가져오듯 다른 마음가짐이 다른 인생을 결정한다. 결국 자신의 태도가 운명을 결정한다.

자신을 가두고 있는 틀

만일 자신이 처해 있는 현재의 생활방식이나 상태를 변화시켜

보다 더 나은 미래로 나아가기를 원한다면, 우리에게 오랫동안 굳어진 인식의 틀(생각, 태도, 사고방식)을 새롭게 할 필요가 있다. 그래야만 새로운 세상, 새로운 인생, 새로운 미래를 볼 수 있다. 우리는 자신이 가진 인식의 틀에 따라 어떤 상황이나 자극에 대하여 의미를 부여하고, 부여된 의미에 따라 행동하기 때문이다. 그렇기에 우리는 똑같은 세상에 살아가고 있는 것 같지만, 실제는 자신이 해석하여 의미를 부여한 인식의 틀에 따라 각기 다르게 살아가고 있다. 만일 우리가 현재의 삶의 방식을 벗어나 자신이 꿈꾸는 삶을 찾아 나서길 원한다면, 굳어진 부정적인 인식의 틀을 바꾸어야 한다. "저 사람도 하는데 나도 해 보자! 왜 나는 안 돼(why not me)"라는 긍정적인 인식의 틀을 새로 세워야 한다.

"어려우니까 그만두자"라고 생각하는 사람도 있지만, "어렵더라도 노력해 보자"라고 생각하는 사람도 있다.

우리의 미래를 결정하는 것은 우리의 Attitude, 긍정적인 마음가짐에 달려있다고 할 것이다. 생각을 바꾸면 행동이 바뀌고, 행동이 바뀌면 습관이 바뀌고, 습관이 바뀌면 성격이 바뀌고, 성격이 바뀌면 운명이 바뀐다는 말과 같이, 우리가 현재의 상태를 벗어나 꿈꾸는 삶을 향한 도전을 결심코자 할 때 먼저 돌이켜 보아야 할 것이다. 그것은 우리 자신의 마음과 생각을 가두고 있는 인식의 틀이 무엇인가이다.

제2단계

aTtitude의 T는 Targeting, 목표 설정

성공 공식 T=F〈꿈, 목표〉

꿈이 없으면 인생이 나아갈 목표도 없듯이 성공 공식 T는 자신이 꿈꾸는 삶의 목표를 명확히 하고, 그 목표 지점(target)으로 나아가는 것이다. 이런 의미에서 T는 자신의 꿈이 이루어질 것이라는 굳건한 믿음으로 목표 지점으로 나아가는 의지를 담고 있다. 꿈꾸는 삶에 대한 목표를 향하여 자신을 믿고 실천하는 사람에게 세상은 분명 가능성의 길을 열어줄 것이다. 간절히 원해야만 얻을 수 있듯이, 원하지 않는데 이루어지는 우연은 결코 있을 수 없다.

T는 자신이 꿈과 목표를 명확하게 결정하는 것이다

세상에 존재하는 모든 것이 그 어떤 목적을 위해 창조되었듯이 우리 역시도 이 세상에서 해야 할 일이 있다. 그 일은 자신이 나아가야 할 바, 분명한 인생의 목적(꿈, 목표)을 정한 후에 그것을 실현해 내는 것이다. 인생의 꿈은 되고자 하는 내가 되어 원하는 삶이 현실이 되는 것이다. 분명한 인생의 꿈과 목표를 가진 사람만이 일관되게 희망과 지속할 끈기를 얻을 수 있으며, 자신 삶을 더욱 빛나고 가치 있게 만들 수 있다. 그러기에 인생은 꿈이 있기에 위대한 것이다.

모든 성공에는 변화를 동반하듯이, 우리가 성취하게 될 꿈과 목표의 여정에서도 역시 힘겨운 변화의 과정을 반드시 거치게 될 것이다. 하지만 그 여정에서 예기치 않는 시련과 장애물에 두려워하거나 염려할 필요는 없다. 신은 우리에게 견딜 수 있는 만큼의 시련을 주셨다. 견딜 수 없는 만큼의 장애물이나 시련은 우리의 몫이 아니다. 바꾸어 말하면 사람에게 견딜 수 없는 시련이 일어나는 법은 절대 없다는 것이다.

하지만 꿈으로 나아가는 도전의 여정은 광야와 같이 험난하여 용기와 인내 그 이상이 필요할지도 모른다. 그것 또한 걱정하지 마라. 우리 안에는 시련을 이겨낼 힘이 존재한다. 그 힘은 바로 지금까지 계속 얘기해 온 '애티튜드ATTITUDE'이다. 그것이 위대한 힘을 발휘하여 당신이 꿈꾸는 미래로 동반자가 되어 인도할 것이다. 우리는 꿈꾸는 목표를 향해 벗어남 없이 힘껏 나아갈 뿐이다. 그 대가로 꿈이 현실이 되는 미래를 맞이하게 될 것이다.

T는 꿈꾸는 삶으로 가는 인생 여행이다

누구에게나 평생을 통해 이루고 싶은 아름다운 꿈이 있을 것이다. 마음 터에 자라는 상상으로 그려질 그런 꿈 말이다. 아직 우리의 상상 속에 있는 그 꿈은 자신이 바라는 인생의 소중한 가치이며 성공적인 삶에 대한 희망이다. 이러한 간절한 소망은 인생의 배에 희망의 돛을 높이 올려 성공으로 가는 항해를 시작하게 하는 기회가 될 것이다. 원한다고 모두 이룰 수는 없지만, 명확하고 간절한 꿈과 분명한 목표가 있다면 애티튜드가 꿈꾸는 미래로 이끌 것이다.

T는 희망이다

작가 여훈이 『최고의 선물』에서 말한 바대로, 우리가 부러워할 환경을 가지지 못했다면 남이 부러워할 만한 희망을 품으면 된다. "세상에서 가장 안타까운 사람은 볼 수 있으나 꿈(vision)이 없는 사람이다." 시각과 청각 그리고 언어장애를 가진 헬렌 켈러의 말이다. 인생에서 고난이나 역경 같은 저항에도 앞으로 나아가게 하는 힘의 원천은 희망이다. 희망은 더 나은 내일을 만들겠다는 성공 의지이다. 희망은 우리에게 어떤 사람이어야 하며 어떤 조건이 필요하다든지 묻지 않는다. 희망은 마음의 선택으로 오직 자신이 바라는 성공적인 삶, 그 꿈을 믿는 사람에게만 존재한다.

결과적으로 미래를 여는 열쇠는 어떤 환경에서 살고 있느냐 보다 어떤 희망 속에서 살고 있느냐이다. 우리가 바라는 꿈과 미래는 희망에 행동을 더함으로써 현실이 된다.

지금, 꿈을 향한 항해를 시작할 때이다

 성공으로 가는 여정의 첫걸음은 마음속의 꿈틀거림으로부터 시작된다. 그동안 내면에 숨겨둔 꿈이라는 '또 다른 나'라는 자아가 일깨워지는 순간이다. 그 순간이 미래를 여는 청사진이 되어 현실의 벽을 넘을 도전의 신호이며, 꿈으로 가는 항해를 다짐하는 희망의 돛을 올리는 시작점이다.

 꿈은 현실의 벽을 넘어 바라는 변화를 결의하는 희망의 메시지이다. 그 희망은 우리 앞에 놓이게 될 시련과 역경을 이겨낼 힘의 원천이다. 그런데 "간절한 꿈이 없다면, 우리는 사소한 일상을 충실히 살다 결국 그 일상의 노예가 되고 만다." 유명한 SF 작가이며 과학소설가이기도 한 로버트 하인라인(R. A. Heinlein)의 말이다. 하지만 우리는 간절하게 바라는 꿈이 있기에 현재 무엇을 해야 할지를 알고 있다. 그렇기에 사소한 일상을 벗어나 꿈을 실현하기 위해서 거센 폭풍과 파도를 넘는 역경의 항해를 시작하고, 그 항해를 마칠 수 있다.

　자신이 품은 꿈이 현실이 되는 성공적인 삶을 원하지 않는 사람이 어디 있겠는가? 우리의 간절한 꿈은 자신의 힘으로 이겨낼 수 있기에 허락된 것이다. 그동안은 단지 이 깨달음, 그때를 기다렸을 뿐이다. 지금이 꿈을 향한 항해를 시작할 때이다. 이제 당신의 인생은 꿈의 여정에서 시련과 장애물을 이겨내는 대가를 치를 준비가 되었다. 꿈에 희망을 담아 용기 내어 나아가보라. 또 다른 내가 열정적으로 일하게 될 것이다. 무엇인가를 간절하게 원하는 사람만이 그 무엇인가를 얻을 수 있지 않겠는가?

　대다수 사람의 인생 목표는 그것이 무엇이든 간에 자신이 바라는 성공적인 삶이다. 꿈과 목표는 그것을 이루어 낼 가장 강력한 무기다. 하지만 명심해야 할 것은, 꿈으로 가는 여정은 변화와 함께 간다는 사실이다. 그동안에 익숙한 생활방식, 생각의 패턴, 가족과 주변의 시선과 비난을 내려놓는 변화의 혹한 대립에도 맞서야 한다. 또 실패에 대한 두려움과 다양하게 마주하게 되는 장애물도 기꺼이 이겨낼 결심을 굳건하게 해야 한다. 지독한 실패에도 결단코 다시 일어나 시작해야 한다. 당신의 간절한 꿈은 용기를 내게 할 것이다. 간절한 꿈은 시련과 실패를 견뎌낼 수 있는 강력한 에너지이다. 기필코 꿈을 실은 희망의 배는 큰 파고를 넘고 풍랑을 가속 삼아 더욱 빠른 속도로 당신이 바라는 변화, 그 미래로 전진하도록 놀라운 힘을 발휘할 것이다. 우리는 그럴 힘을 가진 사람이다.

성공은 인생의 뜻(꿈, 목표)을
정하는 것이다

우리가 흔하게 '하면 된다', '뜻(꿈)이 있는 곳에 길이 있다'라고 말한다. 무슨 일이든 뜻을 정하고 단행하면 안 되는 일이 없다는 의미이다. 유지자 사의성(有志者 事意成), 곧 뜻이 있는 사람이야말로 그 일을 성취한다는 말로 중국의 학자 범엽의 후한서에 나오는 말이다. 영국의 사상가 토머스 칼라일(T. Carlyle)도 목적이 전혀 없는 것보다는 사악한 목적이라도 있는 것이 더 낫다고 했다. 사악한 목표라도 가지라는 말은 그만큼 맹목적인 삶을 경계한 것으로 꿈과 목표를 가지고 있지 않은 인생은 보상도 없다는 것이다. 다시 말해, 우리 인생에서 중요한 것은 우리가 현재 머물고 있는 자리가 아니라 우리가 나아가고 있는 방향이라는 것이다.

세계적인 성공학의 대가 나폴레온 힐(N. Hill)은 성공과 실패의 관련성을 분석하기 위하여 14년간 1만 6천명 이상의 사람들을 조사 분석했다. 조사 결과, 놀랍게도 실패자로 분류된 95%가 인생에 있어서 명확한 꿈을 갖고 있지 않았다는 것이다. 반면에 성공한 사람으로 분류된 5%의 사람만이 명확한 꿈을 갖고 있었고, 꿈을 달성하기 위한 명확한 계획이 있었다. 이 조사에서 중요한 발견 중에 또 하나는 성공한 사람의 5%는 진정으로 자신이 원하는 일을 하는 것으로 나타났다.

성공적인 삶을 위해서 중요한 것은 자신이 무엇이 되어, 어떤 삶을 살아갈 것인지에 대한 명확한 인생의 꿈과 목표가 설정되어야 한다. 그러한 인생의 방향, 나침판으로서의 꿈과 일상의 이정표와 같은 목표가 명확하지 않다면 성공적인 삶은 망상으로 남을 뿐이다.

꿈은 인생의 나침판이다

우리의 탄생은 누구든 기적적이다. 우리가 만들어 갈 인생은 많은 가능성으로 우리를 충만하게 할 것이다. 우리는 그 가능성 중에서 남과 구별되는 '되고자 하는 나'가 되어 '나다운 삶', 그 삶을 만들어 갈 책무가 있다. 그 나다운 삶은 우리 각자에게 주어진 인생의 목적이며 숭고한 사명이다. 우리 인생에서 그 삶에 대한 사명보다 더 소중한 것은 없을 것이다. 따라서 우리가 그 책무를 완수하기 위해서는 내가 어떤 모습으로 어떻게 살아갈 것인가에 대한 분명한 꿈과 목표를 세워야 하는 이유가 된다. 그 꿈과 목표가 자신의 길이며, 자신 삶의 자부심과 희망이다. 그것을 위한 변화와 성장을 추구하고 그것을 통해 사회적 가치가 실현될 것이다.

앞서 강조했듯이 인생의 꿈은 자신이 바라는 자신다움의 삶으로의 방향을 결정짓는 나침판과 같다. 나침판이 없이 항해하는 인생의 배는 결국에 지쳐 좌초하고 말 것이다. 꿈이라는 나침판을 따라가는 것이 자신다움의 삶으로 가는 가장 빠른 길이다. 그 과정에서 겪는 다양한 경험은 자신의 길을 더욱 굳건하게 할 것이다. 자신이 꿈꾸는 길만이 다른 사람과 구별되는 인생으로 나아가는 것이다. 따라서 꿈의 실현은 자신에게 주어진 기적 같은 탄생의 이유를 스스로 증명해 내는 것이다.

기적의 가수 박서진을 보자. 그에게 가슴에 심어진 가수라는 꿈, 그 기적의 나침판이 없었다면 삼천포 앞바다에서 아버지와 함께 고기잡이 어부일 뿐이다. 하지만 박서진은 자신이 바라는 삶, 가수의 꿈을 삶의 운명과 같은 이유로 받아들이고 그것을 위해, 그 어부 노릇을 내려놓고 장구 치며 노래 부르는 각설이로 시장판을 누볐다. 구경꾼이 허리춤에 꽂아 주는 돈으로 가수로서의 꿈을 이어갔다. 결국 그는 '장구의 신'으로 불리는 인기 트로트 가수로서, 올해 열린 현역가왕(2) 경연에서 우승하는 큰 성공을 만들어 냈고, 가난을 벗는 인생의 풍요를 누리고 있다. 나도 그의 팬으로서 이 책에서 그를 소개하고 있다. 그의 성공은 자신이 인생에서 있어야 할 곳을 명확하게 하고, 그곳으로 포기하지 않고 나아간 대가로 얻은 고귀한 보상이다.

Review Box

참된 인생

인생에서 가장 가치 있는 결정은 자신이 바라는 꿈을 정하고 그것을 인생의 비전으로 결의하는 것이다. 그리고 가장 용기 있는 결정은 그 비전을 이루기 위한 도전이다.

인간은 누구나 보다 나은 세상을 꿈꾸어 왔다. 그러한 꿈과 희망이 있었기에 현존하는 곳에서 낯선 곳을 찾아 우주를 탐험했고, 바다를 건너 멀고도 험한 불확실한 여정에 도전했다. 이처럼 꿈이 있었기에 인간은 위대한 존재다. 인류 역사가 그러했듯, 우리는 새로운 오늘이 가져다줄 가능성의 문을 열고 희망찬 미래를 바라볼 수 있다. 우리가 맞을 희망찬 미래는 되고 싶은 내가 되어 원하는 삶을 살아가는 '나 다운 삶'으로의 비전을 성취하는 것이 아닐까?

인생은 용기 내는 것이다. 용기는 두려움에 맞설 때 비로소 생겨나며, 그 용기는 기회를 만들고 기회는 희망을 만든다. 우리가 용기 낼 수 있는 것은 꿈을 이루는 성공적인 삶, 그것이 희망이기 때문이다. 내일을 여는 힘은 언제나 꿈과 희망이다. 그것이 새로운 인생을 여는 시작점이다.

희망은 삶에 새로운 의미를 부여해 주는 선물이다. 그 선물은 현재의 어두운 삶의 터널에서 소망의 빛을 보여주고 그곳으로 이어주는 참된 보상이다. 소망의 빛은 꿈꾸는 삶을 비추는 희망의 길이며, 그 희망은 자신이 꿈이 현실이 되는 그날을 믿는 것이다. 그리고 희망은 날마다 의지, 용기, 열정, 노력을 새롭게 만드는 마력이 있다. 이것들이 신이 주신 최고로 값진 인생의 선물이다.

돌이켜 보면, 내 인생에서 희망의 푯대가 분명하게 세워져 있지 않았던 그때의 미래는 망망한 바다와 같이 술렁거렸다. 그런데 만일 나의 경우처럼 꿈과 희망이 없으면 만들면 된다. 꿈꾸는 삶은 자신의 마음에서 자라는 것이니까.

위대한 당신의 이야기를 만들어 가라, 그것이 인생이다

인생은 삶의 발자취이며 그 이야기이다. 그러기에 우리는 자기 인생의 이야기꾼이다. 우리가 어떤 삶의 이야기를 만들어 낼 것인가는, 인생에서 '되고 싶은 나'가 되어 어떤 인생을 살아갈 것인가에 대한 꿈과 목표에 따라 결정된다. 인생이라는 드라마는 꿈이라는 구체적인 시나리오에 의해 더욱 분명하게 그 이야기가 그려질 것이고 만들어지게 될 것이다. 꿈은 자신 스스로가 만들어 갈 자신의 길이며 미래에 있을 자신의 모습이다. 만일 당신의 이야기를 만들어 낼 인생 드라마를 상상할 수 있고, 그렇게 만들어 낼 수 있다고 믿는다면, 지금이 당신 인생 이야기를 만들어 낼 드라마 제작을 결심해야 할 때이다. 당신이 바라는 미래는 그렇게 만들어지는 것이다.

꿈으로 가는 여정은 1%의 가능성에 도전하는 시나리오일 수 있다. 세계 최초 산악 그랜드슬램을 달성한 산악인 고(故) 박영석 대장은 2005년 5월 1일 1%의 가능성을 믿고 극한 추위, 엄청난 강풍에도 북극점 정상에 올라 세계신기록을 세웠다. 현재까지도 산악 그랜드슬램은 박대장이 유일하다. 그는 등반 54일간에 대한 하루하루의 기록에서 "이 짓을 왜 할까, 잠이 그립고 사랑하는 사람들이 그립다, 힘들다"며 인간적인 괴로움을 드러내기도 했다. 하지만 그는 1%의 가능성에 도전하는 인생 시나리오의 최종회를 완성했다. 그는 "목표가 있으니 걷는다, 목표가 있다는 건 행복한 것"이라며 스스로 위로하며 끈기와 열정으로 자신이 꿈꾸는 드라마를 완성하여 최고로 행복한 이야기의 주인공이 되었다. 인생은 계속되고 그는 마음의 고향이라 여기던 히말라야 안나푸르나에서 등반 중 47세 나이로 영원히 마음의 고향에 잠들어 삶의 여정을 끝냈다.

꿈꾸는 삶은 누가 만들어 주지 않는다. 꿈의 여정에서 누구든 크고 작은 좌절과 시련을 겪지만 이를 견뎌내는 것은 자신의 몫이다. 주변의 시선을 기웃거리거나 환경의 탓으로 핑계 삼지 않고 성공적인 삶, 그 꿈으로 나아가는 사람에게는 곧 자신이 바라는 성공의 길이 만들어질 것이다. 그 꿈, 그 선택이 옳다는 믿음을 절대로 잊지 말기 바란다. 참된 인생은 남과 다른 나, 그 위대한 당신의 이야기를 자신이 주도적으로 만들어 가는 것이다.

도전에는 필시 위험이 따른다

도전에는 필시 위험이 따른다. 특히 현재의 인생을 비판하고 바꾸려는 도전이라면 더욱 그렇다. 우리의 도전은 미래에 초점을 맞추고 있다. 그러기에 미래로 향하는 길은 미지의 불확실한 세계로 나서는 것으로 두려움과 예기치 않은 갖가지 저항에 부닥치게 될 것이다. 하지만 그 길을 멈추기에는 너무나 큰 희생을 감수해야 한다. 그 이유는 자신이 원하지 않는 후회스러운 삶이 현재, 또 미래에도 그대로 이어질 것이기 때문이다. 도전하지 않는 사람은 그에 따른 두려움과 시련을 피할 수는 있을 것이다. 하지만 진정 자신이 원하는 삶으로 바뀌어 갈 기회 또한 없을 것이다.

우리 인생의 사명은 자기주도적 방식으로 성장과 성숙을 위한 도전의 삶을 사는 것이다. 그러기에 우리는 자신 내면의 애티튜드ATTITUDE를 깨워 그것으로 무장하여 현실의 벽, 도전의 길목에서 만나게 될 실패와 좌절이라는 다리를 건너 자신이 원하는 삶, 그 꿈을 성취해야 할 것이다. 우리의 기적과도 같은 인생은 자신이 바라는 자신다움의 삶을 이루어 내기 위해서 희생을 감수할 만한 충분한 가치가 있다.

꿈꾸고, 꿈을 이루다.

중학교 때에 우연히 TV에서 본 교수의 모습을 보고 막연하게 나도 저런 사람이 되고 싶다는 생각을 했다. 그런 생각에 교수가 되기 위해서 치루어야 할 희생의 대가에 대해서는 생각해 보지 않았다. 그저 TV 속에 비추어진 큰 책상과 많은 책을 뒤에 두고 앉아 있던 교수가 멋있었을 뿐이다.

그 후 20여 년이 지나 35살에 그때의 상상이 '되고 싶은 나'가 되는 인생의 꿈과 목표가 되었다. 그 꿈을 만들어 가기 위해 고된 과정을 견뎌냈다. 많은 사람이 갖가지 이유를 들어 부정적인 조언을 하고 하물며 폭언이 뒤따랐어도 내가 바라는 변화를 위한 도전을 시작해야 할 때라고 믿었다. 그러기에 나는 오직 꿈을 이루어 내기 위해 힘겨운 대가를 치렀다.

바윗돌 사이에서도 싹이 트고 가파른 절벽에서 꽃이 피듯 꿈을 잡고 버텨낸 대가로 4년 후, 많은 사람이 만류했던 꿈을, 39세 늦은 나이에 이루어 냈다. 단 한 사람도 예외 없이 그 나이에 불가능하다고 내 꿈을 비난했던 사람들은 "너니까 할 수 있었다"고 이야기한다. 참 아이러니(irony)다.

나는 이 책의 독자에게 이렇게 말한다. "당신 스스로 당신의 꿈으로 당신다움의 삶을 실현하여 행복하길 바란다."고….

나는 '되고자 하는 나'가 되어 65세에 정년퇴직을 했다. 참 감사하다. 숱한 고난으로 절망적인 순간에 이겨 낼 힘을 주시고 긍정적인 영감을 주신 하나님과 언제나 내 편이 되어준 아내에게도 감사드린다.

Review Box

인간의 본질

　심리학자 아들러(A. Adler)는 '인간의 본질'을 사회적 환경 속에서 나름대로의 인생 목표를 추구하는 창조적 존재로 보았다. 즉 인간은 사회적 관계 속에서 자신이 선택한 목표와 가치를 추구하는 존재라는 것이다.

　그에 의하면, 인간의 모든 행동은 어떤 목표를 지향하고 있으며, 이러한 목표는 유전이나 환경의 산물이 아니라 자유롭고 창의적인 선택의 결과물이라는 것이다. 인간은 누구나 자신의 인생에서 실현하고자 하는 궁극적인 꿈과 목표를 갖는데, 아들러는 이를 '가상적 최종 목표(fictional finalism)'라고 칭했다. 이 가상적 이상은 인생의 의욕과 생동감을 불러일으킬 뿐만 아니라 행동을 유발하는 기반으로 작용한다는 것이다.

　인간은 누구나 나름의 최종 목표를 지니고 있지만, 대부분은 그것을 명료하게 자각하지 못하고 있다. 그 이유는 그 최종 목표가 무의식 수준에 머물러 명확하게 자각하지 못하기 때문이다. 그러나 인생의 최종 목표는 고유한 자신만의 삶을 인도하는 초점이 되고 자신의 열등감을 보상하는 기능의 역할을 한다.

아들러는 인간의 본질을 5가지 가정에 근거하여 설명하고 있다.

인간은 목표지향적인 존재라는 점이다. 인간은 목적성을 지니는데, 과거에 의해 끌려가는 존재가 아니라 미래의 목표를 향해 나아가는 창조적 존재라는 것이다. 꿈은 현실에서는 허구이지만 이러한 허구는 이상적인 목표로서 삶을 이끌어 가는 원동력이 된다는 것이다.

인간 행동의 가장 기본적인 목표는 열등감을 극복하는 것이다. 열등감은 인간의 삶에 주요한 영향을 미친다. 인간은 열등감을 보상하기 위해서 우월성, 완전성, 그리고 숙련을 통한 유능감이나 성숙을 추구하게 되며 더욱 발전된 자기 모습을 지향하게 된다, 특히 어린 시절에 경험한 자신만의 열등감을 보상하기 위해서 미래의 가상적 목표, 다시 말해 가상적인 자기상을 만들게 되는데, 이러한 가상적 목표는 개인의 인생을 이끄는 마음속의 중심 목표로 자리 잡게 된다. 따라서 삶의 목표, 꿈의 설정은 열등감을 극복하고 자신을 성장시키는 동기의 원천이 된다.

인간은 사회적 존재이다. 그러므로 인간은 다른 사람과 관계를 맺으려는 욕구와 더불어 자신이 중요하게 여기는 가치를 사회 속에서 실현하려는 욕구를 지닌다.

인간은 통합적으로 움직이는 존재라는 것이다. 자신의 목표를 통일성 있게 나아가는 통합적인 존재로 이해하고자 한다. 즉 개인의 삶은 목표를 추구하기 위해서 신체, 정서, 지각, 사고를 포함하는 성격 전체가 움직이는 것이다. 따라서 개인은 이러한 목표를 향해 일관성 있게 나아가는 통합적인 전체로 이해해야 한다는 것이다.

결과적으로 인간은 과거의 경험보다는 미래에 대한 기대와 꿈에 따라 행동함으로써 발전하며, 그 기대와 꿈은 현재의 노력으로 이루어지게 된다.

꿈, 절대로 포기하지 마라

인생의 꿈은 원하는 삶이 현실이 되는 것이다. 그 삶이 우리가 그토록 바라는 참된 성공자의 인생이다.

그리스의 올림피아 헤라 신전에서 채화된 성화(聖火)는 목적지에 도착해 올림픽이 막이 내리는 순간까지 단 한 번도 꺼지지 않는다. 그 작은 불씨는 인류가 올림픽 게임을 지속하는 이유이며 정신이다. 우리의 인생도 마찬가지이다. 꺼뜨리지 말아야 할 성화같은 불씨가 있다면 인생은 쉽게 무너지지 않는다. 이 불씨가 우리가 꺼뜨릴 수 없는 인생의 꿈이며 사명이다. 우리가 무엇인가를 원한다면, 그것은 가능하다는 의미이다. 우리가 꿈을 꾼다는 것은 현실이 될 미래를 보는 것이다. 그래서 꿈은 인생의 성화이며 가능성의 불씨이다.

꿈을 가진 사람의 진정한 능력이란 '불가능을 보는 것이 아니라 가능성을 보는 것'이다. 우리의 미래는 지금 어떤 환경에서 살고 있느냐 보다 어떤 꿈과 희망 속에서 살고 있느냐에 달려있다. 그래서 만일 남이 부러워할 만한 환경을 갖고 있지 못했다면 남이 부러워할 만한 꿈을 가지면 된다. 그 꿈이 자신의 인생을 성공적인 삶으로 향하게 하는 기회와 가능성의 문이며 현실이 될 미래이다.

자신이 바라는 변화, 그 미래로 나아가 그것을 성취한 사람에게 인생은 꿈이라는 목표를 향해 가는 도전의 여정이었으며, 그 꿈을 기필코 이루고야 말겠다는 의지로 포기하지 않고 끈기 있게 노력하여 얻어낸 것이다. 그들은 절체절명의 위기 가운데서도 절실하게 희망을 품고 처절하게 '할 수 있어, 절대 포기할 수 없어, 해 보자!'라는 다짐으로 그 혹독한 과정을 이겨낸 사람이었다.

2007년 말기 췌장암으로 6개월 시한부 삶으로 사망하기 전 마지막 강의를 남겨 큰 감동을 준 카네기 멜론 대학교 랜디 포시(R. Pausch) 교수가 남긴 책 『마지막 강의』에서 말한 대로, 우리 앞에 갖가지 시련이나 위기의 장벽이 나타나는 것에는 다 이유가 있다. 그가 어린 3자녀에게 남긴 마지막 한마디에서도 "그들이 꿈의 성취로 가는 자기만의 길을 발견하기를 원한다. 너희들이 되고 싶은 것이라면 그것이 무엇이든 바로 그것을 이루기를 바랄 뿐"이라고 쓰고 있다. 만일 당신이 무언가를 절실하게 원한다면 어떤 이유에서든 절대 포기하지 마라. 꿈은 포기하지 않는 사람이 누릴 미래의 고귀한 선물이며 현실이다.

노숙자에서 유명 가수가 된 황가람이 있다. 그는 19살에 가수가 되기 위해서 서울로 상경하여 20년을 이름 없는 무명으로 그의 꿈을 이어갔다. 그는 147일간 노숙 생활과 전기 시설만 있는 창고에서 생활로 그의 꿈을 버텨냈다. 준비된 자에게 기회는 찾아오는 법, 17년 만에 가요프로그램에서 1등을 차지했다. 하지만 곧 닥친 코로나가 무대에서 자신을 알릴 기회를 앗아 갔다. 어떤 면에서는 그에게 세상은 불공정하고 원망스럽기도 할 것이다. 그때 그는 처음으로 가수의 꿈을 포기하고 싶은 생각이 들었다고 한다. 하지만 무명 가수 17년에 4년을 더한 그의 나이 41세에 그의 인생을 고스란히 담긴 '나는 반딧불'이라는 곡을 만났고 이 노래로 그의 존재를 세상에 알렸다.

그는 참 긍정적인 41살의 청년이다. 노래할 수 있음에 진심으로 감사하고 알아봐 주는 몇 명의 사람들로 감동한다. 2025년 4월, 아직 그는 커피숍 아르바이트로 수입을 대신하고 있다. 그곳에서 자신을 알아주는 몇 명의 고객에 답하여 직접 노래를 불러준다. 그는 오랜 세월의 빈손 버스킹, 알아봐 주는 사람이 없었기에 지금의 그 몇몇이 무엇보다도 소중하고 감사하다.

그의 노래, "나는 빛나는 별인 줄 알았어요. 한 번도 의심한 적 없죠. 몰랐어요. 난 내가 벌레라는 것을 그래도 괜찮아. 난 눈부시니까…."에 대중은 감동하고 그가 견뎌낸 고된 삶에 이입되어 눈물을 쏟는다. 나도 그랬다. 황가람! 참 잘 견뎌냈다. 칭찬한다. 그에게 불가능할 것 같은 꿈이 희망으로 남아 있었기에 매일 매일을 다시 시작할 수 있었을 것이다. 그 남겨진 희망이 인생 최고의 선물이 되었다. 그는 아직도 아르바이트로 생활을 유지하지만 많은 매체에서 그의 삶을 이야기하며 감동한다. 그리고 그의 노래는 국민 위로 송이 되어 많은 사람의 사랑을 받고 있다. 그는 이제 인기가수다. 그의 성공은 필요한 만큼의 세월과 그 속에서의 시련을 견뎌낸 대가로 주어지는 보상이 아닐까 생각해 본다.

명확하고 간절한 꿈과 목표가 정해졌고, 내면에 '히어로HERO'라는 긍정적인 태도를 품게 되었다면, 이제부터는 되찾아 무장한 '애티튜드ATTITUDE'와 함께 꿈꾸는 여정을 본격적으로 시작해 보길 바란다.

제3단계

AT**T**ITUDE의
T는 T<small>RUST</small> & A<small>CTION</small>,
믿음으로 행동하기

성공 공식 T=F〈믿음, 행〉

인생에서 원하는 삶이 열매라면, 믿음은 열매가 자란 뿌리이며, 행동은 뿌리와 연결된 줄기이다. 바꾸어 말하면, 어떻게 믿는지가 아니라 어떻게 행동하는지가 중요하다. 자신이 바라는 꿈과 목표를 이루는 최상의 방법은 자신 능력을 믿고 행동으로 옮기는 것이다. 이것이 성공 공식 T의 핵심이다.
　인생에서 자신이 바라는 인생의 변화를 믿고 행동하는 자만이 얻을 수 있는 삶이 있다. 그것은 자신이 원하는 삶, 그 꿈이 현실이 되는 삶이다. 꿈이 현실이 되는 삶의 모습은 즐거운 삶, 적극적인 삶, 의미 있는 삶, 곧 행복한 인생이다.

T는 자신에 대한 믿음이다

  자신이 꿈꾸는 미래를 현실로 맞기 위해서는 무엇보다도 그것을 이룰 수 있다는 믿음이 있어야 한다. 인간을 적극적으로 움직이게 하는 힘은 무엇보다도 믿음이다. 그 믿음이 자신감을 만들어 내는 성공의 원동력이기 때문이다. 그러기에 당신은 생각보다 훨씬 뛰어난 사람이라는 굳건한 믿음으로 자신감 있게 꿈꾸는 미래를 향해 담대하게 나아가야 한다.

  신은 우리에게 잠재 능력이라는 위대한 선물을 주셨다. 뇌과학자에 의하면 우리의 대뇌는 무한한 잠재력을 지니고 있는데, 사람의 뇌에 저장할 수 있는 정보량은 최대 5억 원의 책에 담긴 내용만큼이나 엄청나다고 한다. 하오런은 『하버드 강의 노트』에서 엄청난 잠재 능력은 우리 내면의 잠재의식에 있는 '보물 상자'라고 했다. 이 보물 상자는 쓰면 쓸수록 더욱더 채워지는 요술상자와 같다. 그러니 우리가 할 일은 보물 상자를 열고 보물들을 날마다 힘껏 꺼내 쓰면 된다는 것이다.

  이제 당신은 자신 안에 있는 잠재의식을 깨워 그 안의 거대한 능력이 자신이 꿈꾸는 것을 위하여 발휘되도록 해야 한다. 당신은 생각보다 훨씬 뛰어난 사람이라는 사실을 잊지 말기 바란다. 인간이 탄생이 기적적이듯 당신도 그렇다.

T는 행동하는 것이다

성공의 비결은 선택하고 행동하는 것이다. 행동하지 않으면 아무 일도 일어나지 않는다. 다시 말해 자신의 선택을 믿고 실질적인 행동을 통해서만 바라는 내일로 다가갈 수 있다. 많은 사람이 꿈꾸는 목표를 향해 첫걸음을 시작하지 못하는 이유는 잘못된 계획 때문이라기보다는, 자신이 겪은 과거의 실패에 머물러 있거나 자신에 대한 믿음이 부족했기 때문에 실제 행동이 뒤따르지 못한 탓이다.

과학자 셀리 버거(S. Berger)는 "성공의 비결은 시작하는 것에 달려 있다"라고 했다. 우리가 처한 상황이 아무리 힘들어도 목표하는 바로 한 걸음 한 걸음 나아간다면 아무리 먼 길이라도 도착할 수 있을 것이다. 단지 시간의 차이일 뿐이다.

T는 희망찬 미래로 나아가게 하는 추진체이다

우리가 바라는 미래를 꿈꾸는 이유는 담대한 희망을 품고 있기 때문이다. 그 희망은 믿음으로 행동하는 힘을 얻게 되며 미래로 나아가게 한다. 희망찬 미래는 가능성이 열려있는 기회의 길이다. 우리가 두려움에 막혀 멈추어 있는 것이 아니라 가능성으로 나아갈 때 기회가 되며 희망찬 미래가 된다.

우리가 품은 희망은 자신이 원하는 삶에 대한 막연한 바람 이상의 실현 의지를 품고 있다. 희망은 긍정적인 에너지를 공급해 주어, 어려움이나 실패에도 우리를 격려하고 다시 일어나게 하는 힘이다. 우리가 꿈과 목표로 향하는 긴 여정에서 반드시 고난이 뒤따른다. 인생에서 성공을 위한 지름길이 있다면 그것은 분명 좁고 험한 고난과 도전의 길이다. 인생에서 고난과 도전 없이 얻은 승리에는 명예가 따르지 않는다. 고난은 목적하는 곳으로 향하는 여정에 위협적이지만 자신이 바라는 것에 대한 굳은 믿음과 의지, 그리고 용기가 있는 사람에게는 그 고난이 오히려 자극제가 된다.

희망을 품고 굳은 믿음으로 나아가는 사람은 내일과 운명을 바꾸어 놓는다. 사람은 스스로 그려놓은 자아 이미지에 따라서 반응하기 때문이다. 철학자 조지 영(J. Young)의 좌우명처럼, "누군가 해냈다면 나도 할 수 있다"라는 스스로에 대한 믿음과 끈질긴 행동이 바라는 변화, 꿈꾸는 성공적인 삶의 발자취를 만들어 낼 것이다.

희망 공식

　자신이 바라는 인생을 꿈꾸는 사람이라면, 먼저 자신 생각과 행동을 변화시킬 수 있다는 믿음을 가져야 한다. 불가능하다고 믿는 변화를 위해서 열정적으로 노력하는 사람은 없을 것이다. 그런데 변화의 시작은 희망에 뿌리를 두고 있다. 희망은 더 나은 삶에 대한 믿음의 터전에서 자라며, 그 믿음은 희망을 키우는 의지의 영양분이 되기 때문이다.

　미국의 저명한 심리학자 찰스 스나이더(C. Snyder)는 희망 이론에서, "희망은 목표를 성취할 수 있다는 낙관적인 믿음이며, 성공적인 방법을 만들어 내는 구체적인 신념을 의미한다"라고 했다. 희망적인 사람은 과거 경험을 통해서 목표 성취를 위한 더 나은 방법들을 찾을 수 있을 것이며, 간접적으로 독서나 성공적인 사람과의 대화를 통해서 찾을 수 있을 것이다.

스나이더는 세 가지 심리적 요소로 구성된 희망 공식을 제시하였다.

희망 = 분명한 목표 + 목표 성취 방법 인식 + 성취 방법 실천 의지

이 공식에서 첫 번째 요소는 분명한 목표이다. 목표를 구체적이고 명료하게 설정함으로써 자신이 도달하고자 하는 목표 지점을 명확하게 할 수 있다. 원대한 꿈을 이루고자 하는 확고한 목표가 없다면 희망도 막연한 메아리일 것이다.

두 번째는 목표의 성취 방법을 잘 알고 있다는 믿음이다. 희망은 목표가 잘 달성될 것이라는 막연한 기대감이 아니다. 구체적인 계획을 통해서 목표 지점에 성공적으로 도달할 수 있다는 믿음이 희망의 중요한 요소이다.

마지막으로는 목표 성취 방법을 행동으로 실천할 수 있다는 믿음이다. 목표 성취 방법을 잘 알고 계획을 잘 세웠다고 해서 목표가 성취되는 것은 아니다. 목표 성취 과정에서 갖가지 유혹과 난관에도 이를 이겨내고 목표를 성취할 수 있다는 자신감과 실천 의지가 희망의 핵심 요소이다. 비록 현재보다 더 나은 삶을 위하여 변화와 도전의 필요성을 인식하더라도, 그 도전을 위한 믿음이나 자신감이 결여되어 있다면 단지 현실 인식에 머물게 될 뿐이다. 때론 도전의 여정으로 나아간다 하더라도 곧 닥칠 장애물에 그 여정이 멈추게 될 것이다. 대부분의 보통 사람들이 그러한 것처럼. 하지만 그 목표를 의지하여 행동할 때 더 나은 내일, 바라는 삶을 만들 수 있을 것이다.

결과적으로 희망이란 목표를 성취할 수 있다는 긍정적인 정서로서 바라는 목표로 나아가게 하는 강력한 동기이며 의지이다. 지금 서 있는 그곳에서 원대한 꿈이 있다면 희망의 돛을 올리고 항해를 시작한다면 꿈꾸는 것이 현실이 될 것이다. 이 믿음이 삶을 변화시킬 희망이다.

많은 사람이 교수로 정년퇴직했고 편하게 생활할 수 있을 것인데, 이제 좀 여행도 하면서 쉬라고 말한다. 하지만 내겐 새로운 꿈이 생겼다. 그리고 그것을 위한 분명한 희망도 있다. 재능기부로 제3의 인생을 시작할 것이다. 65세 정년퇴직 후, 교육대학원에 입학하여 40년을 지켜온 경영학자에서 새로운 분야인 상담심리학을 전공하여 2025년 2월에 석사학위를 취득했다. 이제 심리학이라는 새로운 무기가 장착된 셈이다. 더불어 곧 출판하게 될 성공 공식, 애티튜드와 함께 희망찬 미래가 펼쳐지길 소망한다.

인생 최고의 선물,
큰 꿈으로 나아가라

인생이 자신에게 줄 수 있는 최고의 선물은 마음의 터에 심어둔 꿈이다. 희망은 꿈속에서 자라는 특별한 씨앗이다. 언젠가는 당신 마음의 터에 심어 둔 꿈이 희망의 싹으로 삐죽삐죽 튀어나올 것이다.

어느 날 그 꿈이 희망으로 옮겨질 때, 우리는 기꺼이 꿈을 향한 희망의 광야로 나아가게 될 것이다. 희망을 품고 미래로 발걸음을 시작하는 그날, 광야에서 우리가 되찾아 회복한 성공 공식 '애티튜드ATTITUDE'가 곳곳에서 멀고 험한 길을 헤쳐나가는 힘과 능력을 발휘할 것이다.

2013년 총 25회의 뉴욕마라톤을 모두 최장 기록의 꼴찌로 완주한 65세의 여성, 조 코플로위츠(Z. Koplowitz)는 다발성 경화증과 당뇨병을 앓고 있는 마라톤 선수이자 연설가이다. 그는 매년 마라톤 경주에 나선 이유에 대해, "경주는 빠르고 강한 자만의 것이 아니라 계속 달리는 자의 것"이라고 말했다. 그의 말처럼 그가 매년 뛸 수 있었던 것은 가능성과 희망을 향해 손을 내밀고 있었기 때문일 것이다. 우리도 마라톤과 같은 광야의 긴 여정을 가능성과 희망으로 품는다면 자신이 꿈꾸는 아름다운 인생이 펼쳐질 미래를 만나게 될 것이다.

당신이 희망의 광야로 나아갈 결의를 했다면 큰 꿈을 품고 그곳으로 가길 바란다. 그 이유는 꿈의 크기만큼의 마음과 행동이 일하게 될 것이고, 그것에 따라 인생의 크기가 결정되기 때문이다. 세계각지에 힐튼이라는 최고 명성의 호텔을 가진 호텔 왕, 콘래드 힐튼(C. Hilton)은 호텔사업으로 큰 성공을 가능하게 한 것은 무엇인가에 대한 질문에서 그는 "성공 비결이 노력과 재능이기도 하지만, 꿈이 없는 노력과 재능이란 가장 열심히 가장 빠르게 도는 쳇바퀴와 같다. 그렇기에 궁극적으로 성공의 크기는 꿈의 크기와 비례한다. 그러면 언젠가는 그 꿈을 이룰 수 있는 능력 또한 갖게 된다"라고 말했다. 우리는 꿈의 크기만큼 결단하고 열정을 갖고 노력하게 될 것이다.

미국 비츠버그 대학교의 경영학 교수로 재직하고 계신 교수님이 잠시 한국에 들러 당시에 박사과정 1학년에 재학하고 있었던 나에게 하신 말씀이 기억난다.

"김군아! 나를 따라 미국으로 가서 공부해 보는 것 어때? 나이 핑계 대지 말고, 자넨 할 수 있어. 그래야 수도권의 대학에 교수가 될 수 있다."

난 그때 가능성과 희망에 손을 내밀기보다는 현재 처해있는 궁핍한 상황 그리고 나이라는 핑계에서 빠져나올 수 없었다. 그저 소박한 꿈에 안주했던 그때의 내 결정이 오랫동안 후회스러운 선택으로 남아 있다.

코이라는 일본산 잉어는 키우는 어항의 크기에 따라 자라는 크기가 달라진다. 어항에 키우면 10㎝ 정도의 크기지만, 커다란 수족관에서 키우면 30㎝까지 자란다. 그런데 강물에 방류하면 1m 이상 자란다. 그 물고기가 자라는 곳에 따라 작은 코이가 되기도 하고 큰 대어가 되기도 한다. 큰 배가 항해 중 거친 풍랑에도 거침없이 목적지를 향해 순항하듯 크게 품은 꿈은 광야의 길에서 부닥치는 거친 시련에도 그 길을 만들어 낼 힘이 된다. 큰 꿈을 가져야 크게 노력할 것이고 크게 이루어 낼 것이다.

Review Box
그저 그런 사람의 삶

나는 열심히 하겠다는 학생들에게 열심히 하지 말고 제대로 하라고 말하곤 한다. 그 뜻하는 바는 올바른 방향 설정에 대한 고민이 먼저라는 것이다.

성실한 학생으로 열심히 공부했지만, 성적이 좋지 못한 학생의 공통점은 시험에 출제되지 않는 부분을 열심히 공부한 탓이다. 그래서 결과는 C+ 혹은 C 학점에 머문다.

당연한 사례이지만, 이러한 논리는 우리의 삶에도 적용된다. 그저 그런 삶을 살아가는 사람은 꿈과 목표라는 삶의 목적과 수단에 대한 전략적, 전술적 선택보다는 주어진 일의 부지런함을 선택한 결과이다. 매우 수동적인 삶의 자세로 결핍이나 문제를 해결하기 위한 궁극적인 문제의식이 부재한 탓이다.

AI 시대에서 간혹 성실하다는 평의 함정에 빠지지 않아야 한다. 그 함정은 안타깝게도 열등한 그저 그런 삶을 자초할지도 모른다.

미래와 인생은 마음의 선택에 달려 있다

우리의 탄생이 기적적이라고 말했듯이, 우리의 삶의 여정도 우리가 생각하는 것보다 훨씬 더 많은 가능성이 열려있다. 모든 것을 다할 수는 없지만, 모든 것에 가능성이 열려있는 것도 사실이다. 다만 그것들에 자신이 부여하는 다양한 상황(중요성, 시간, 인식 등)이 다르기에 그 가능성이 달라지고 선택적일 뿐이다.

인생의 꿈은 자신이 가고자 하는 길로 명확하게 방향을 정하고 그곳으로 나아가는 것이다. 하지만 그 길에서 우리는 크고 작은 장애물도 만날 것이다. 장애물이 우리를 함정에 빠뜨리는 위협이 되기도 할 것이다. 하지만 진정으로 그 길을 방해하는 가장 큰 장애물은 무엇일까? 그것은 아마 자신 스스로가 마음속에 규정 짓는 자신에 대한 한계, 즉 "내가 지금 무엇을 할 수 있겠어. 안 될 일이야."라는 부정적 태도가 아닐까?

미국 포드자동차의 창업주이며, 역사적인 최고의 기업가 헨리 포드(H, Ford)는 "만일 당신이 어떤 일을 할 수 있다고 믿거나 할 수 없다고 믿는다면, 어떤 경우라도 당신은 그렇게 될 것이다"라고 했다. 포드의 성공은 자신이 바라는 인생의 꿈을 할 수 있다는 자신감과 자신 능력에 대한 믿음으로 행동을 멈추지 않았기에 가능했다.

우리의 능력도 생각과 믿음에 의해 제한되고 지배된다. 마찬가지로 만일 바라는 변화, 더 나은 삶에 대한 꿈이 성취될 수 없을 것으로 생각한다면, 절대로 할 수 없는 이유와 핑계가 잠재의식에 쌓이게 되어 결국에는 할 수 없는 그곳에 소중한 꿈이 묻히게 될 것이다. 이처럼 우리의 미래와 인생은 마음의 선택에 달려있다. 하지만 당신의 꿈이 굳건한 믿음에 세워진다면 희망이 만들어지고 행동을 시작할 수 있다. 그리고 자신감으로 끈기 있게 행동으로 이어짐에 따라 그 어떤 장애물도 그 앞을 막을 수 없을 것이다. 왜냐하면, 우리 내면에 잠재된 잠재 능력과 긍정적인 에너지, Attitude가 성공 의지, 자신감, 용기, 끈기, 열정, 낙관성, 불굴의 의지, 회복력 등의 히어로HERO를 일깨워, 성공 공식 애티튜드 ATTITUDE가 기적을 이루는 힘과 능력을 체계적으로 발휘하게 될 것이기 때문이다.

마음 먹기의 힘

우리가 머무는 곳은 가능성의 총체이다. 현재의 자리에서 가고자 하는 자리로 이어주는 사다리는 언제나 그 자리에 있다. 그러니 인생에서 가고자 하는 곳이 어디든 가능하다. 문제는 당신이 어떤 마음을 품고 가는지에 따라 달라진다. 바꾸어 말하면 부정적인 눈으로 본다면 그 사다리는 좁고 가파른 것으로 도저히 넘어갈 수 없는 위험한 다리이다. 그래서 가고자 하는 자리는 불가능이라는 벽에 갇히게 된다. 하지만 자신이 바라는 미래로 이어지는 사다리라고 생각하고 마음먹는다면 든든한 기회의 다리가 될 것이다. 그 결단은 오직 당신 몫이다.

할 수 있다. 인생의 성공은 꿈이 현실이 되는 삶이다. 그 성공은 '할 수 있다'라고 굳게 마음먹은 사람의 것이다. 성공한 사람들은 거센 시련 앞에 '반드시 해내겠다'는 긍정적인 태도의 힘으로 행동을 멈추지 않았고, 고난 앞에 신념을 굽히지 않았으며 스스로 거센 시련의 파도를 거슬러 전진했다. 이처럼 긍정적인 태도의 힘은 불가능하다고 여기는 일을 할 수 있는 일로 만들어 가는 마법과도 같은 힘이다.

포기하지 마라. 성공은 변화다. 성공이 무엇이든지 간에 그 변화는 미래에 초점이 맞추어져 있다. 미래는 보이지 않는 낯선 길이다. 그렇기에 어려움도 만나 방황하고 우여곡절이 있다. 그렇다고 미래를 포기할 수 없지 않겠는가. 성공은 다시 한번 더 해 보자는 마음의 결의와 다짐에서 비롯된다고 한다. 그러한 자세가 긍정적인 마음가짐의 본질이다. 조금 느리게 가더라도 버티어 내면 그 낯선 길을 지나쳐 갈 것이다. 성공한 사람들 모두가 그렇게 했다. 당신도 그러면 된다. 어떻게 하든 당신이 가고자 하는 길, 되고 싶은 나를 만들어 가는 그 길의 여정을 포기하지 마라.

불가능은 없다. 시도하지 않으면 아무 일도 일어나지 않는다. 우리가 아직 해 보지 않은 일, 그리고 포기한 일은 모두 불가능한 것으로 남아 있다. 그런데 그 일이 어떤 사람에게는 불가능한 일이지만 또 어떤 사람에게는 가능한 일이다. 불가능하다고 여기는 일을 실현해 낸 사람은 말한다.

"가능한 일을 가능한 방법으로 해냈다고~!"

결국 성공은 마음의 결정에 달려 있다.

헬렌 켈러는 태어나 19개월 만에 시각과 청각을 잃고 그로 인해 언어장애의 3중고의 장애를 극복한 위대한 인물로 기억되고 있다. 그녀는 "장애는 불편하다. 하지만 불행한 것은 아니다"라고 말했다. 그의 인생 여정은 좁은 길을 가는 힘겨운 시련의 여정이었지만, 그 어둠의 좁은 길에서 별처럼 빛나는 희망으로 사회운동가로서 작가로서 기적의 인생을 만들어 냈다.

꿈과 희망으로, 희망을 품고 앞으로 가는 길이 커다란 벽으로 막혔다고 꿈과 희망이 없어지지는 않는다. 막히면 다른 길로 돌아가면 된다. 가다가 또 길이 막히면 그때, 희망을 버릴 것인가? 좌절에 변명은 그다지 어렵지 않다. 실패로 꿈을 포기하고 마는 이유일 뿐이다. 하지만 인생이라는 광활한 바다에 상처 없이 온

전한 배는 절대로 없다. 우리가 해야 할 일은 곤충이 온 힘을 다해 갇힌 허물을 벗고 몸을 키우듯 자신에 대한 굳은 믿음과 희망을 잃지 않는 것이다. 큰 성공은 언제나 고난을 먹고 자란 달콤한 열매이다. 당신의 꿈은 그 무엇보다도 절실하고 소중하다.

제4단계

ATTITUDE의 I는 IMAGENATION, 상상력과 자기암시

성공 공식 I=F〈상상력, 자기암시〉

I는 상상이 현실을 만든다. 상상할 수 있는 것은 가능하다는 기본적인 정신을 담고 있다. 이러한 측면에서 성공 공식 I는 상상력과 자기암시의 함수관계에 있다. 이 두 요소는 성공을 이끄는 내면의 동반자이다. 상상력은 미래의 꿈, 목표를 마음속으로 그려보는 능력이다. 이 능력은 긍정적인 자기암시와 연결하여 꿈과 목표에 대한 희망과 용기를 갖게 하는 데 중요한 역할을 한다.

자기암시는 Auto와 Suggest의 조합으로 '자기 영향'을 의미한다. 이러한 의미의 자기암시는 자신의 마음에 주는 영양분과 같은 것으로 잠재의식에 긍정적인 감각과 주의를 기울이게 하는 일종의 의식적인 인식 기술이기도 하다. 그러므로 자기암시는 긍정적인 믿음으로 꿈을 상징화하고 구체화하는 작업에 도움을 준다. 긍정적인 상상력과 반복되는 자기암시는 잠재의식을 작동시켜 원하는 변화와 행동을 이끌어 꿈을 이루는 성공을 증명할 것이다.

I는 상상력이다
상상력은 현실이 될 가능성을 내포하고 있다

상상력은 의식과 무의식의 중간에 있다. 우리의 행동의 80%는 무의식의 영역에서 결정된다고 한다. 아울러 무의식이 작동하여 만들어 내는 상상력이 창조적 영감으로 밖으로 모습을 드러나게 된다. 그래서 상상할 수 있는 것은 현실이 될 가능성을 내포하고 있다는 것이다. 그렇기에 새로운 창조는 상상 속에서 자란 열매라고 할 수 있다. 이러한 연속선상에서 무의식 긍정적인 자기암시를 통해 '할 수 있다'라고 반응하면 뇌는 방법을 찾을 것이다. 반면에 '할 수 없다'라고 부정적인 사고에 반응하면 뇌는 핑계를 찾을 것이다. 결과적으로 무의식 영역의 사고 결과가 성공의 첫 걸음이며, 결정 요인으로 작용한다.

영국의 시인 윌리엄 블레이크(W. Blake)는 "과거의 상상이 현실이 된다"라고 했다. 우리 모두는 바라는 미래가 있다. 다시 말해, 우리는 미래에 더 나은 삶, 되고 싶은 나의 삶, 즉 성공적인 삶을 꿈꾼다. 그 꿈은 현실화 되기 이전에 먼저 상상력(멋진 정원에서 가족들과 즐겁게 지내는 모습) 속에서 창조되었다. 그래서 꿈의 성취는 상상력 속에서 만들어진 계획의 산물이다. 성공자들은 자신의 꿈을 명확한 목표로 발전시킨 다음, 그것을 명확한 계획과 굳은 의지로 뒷받침했기에 거대한 성공을 이뤄낼 수 있었다.

I는 자기암시이다
자기암시는 긍정적 상상이다

"나는 꿈을 향해 점점 더 나아가고 있다. 나는 반드시 성공할 수 있다"라는 자기암시는 자신의 가치나 능력에 대한 긍정적인 자기인식을 심어주어 자아존중감을 높이고 자신에 대한 신념을 강화하는 역할을 한다.

긍정적인 자기암시는 긍정적인 상상력의 영향이다. 즉, 긍정적인 자기암시는 자신이 추구하는 것에 대하여 긍정적으로 사고하도록 하고 그 생각을 잠재의식에 심어 둔다. 따라서 긍정적인 자기암시는 목표를 향해 꾸준한 노력을 할 수 있는 에너지와 동기부여로 작용할 뿐만 아니라, 목적하는 바에 대한 긍정적인 상상으로 인생 여정에서 겪게 되는 시련과 고난에도 이를 이겨내는 원동력이 된다.

나다운 나를 찾아

"여러분의 시간은 제한되어 있습니다. 그러니 이 소중한 시간을 다른 사람의 인생을 사느라 낭비하지 마십시오. 타인이 생각하는 결과에 맞춰 살아야 한다는 보편성의 오류(dogma)에 빠지지 마십시오. 다른 사람들이 큰 소리로 떠드는 비난의 소리에 파묻혀 여러분 내면의 목소리를 외면하지 마세요. 무엇보다도 용기를 내어 여러분 내면의 목소리, 즉 직관을 쫓으십시오. 그 밖에 다른 것들은 모두 두 번째 문제이거나 사소한 문제일 뿐입니다."

이 말은 21세기 혁신의 아이콘인 애플 공동창업자 스티브 잡스(S. Jobs)가 2005년 6월 스탠퍼드 대학교의 졸업식에서 한 연설이다.

인생이 미지의 땅을 지나 자신이 꿈꿔왔던 길을 만들어 가는 것이라면, 인생이란 저마다 다른 문을 열고 다른 길을 가듯이, 나다운 삶을 찾아가는 여정이다. 그것이 우리 인생의 존재 가치이며 참된 삶의 의미가 아닐까. 그런데 인생의 길에서 남들과 같은 길을 걷는 집단지성 혹은 집단적 사고의 맹점에 빠져서는 참된 나의 길을 찾아갈 수 없다. 우리 인생에서 주어진 시간과 공간을 무엇으로 채울 것인가는 각자의 몫이다. 우리는 집단의 무리가 인식하지 못하는 우리가 바라는 자신만의 길이 있다는 사실을 깨달아야 한다.

집단지성에 머물러 있는 군중들은 우리의 이름조차도 결코 기억하지 못할 것이다. 그들 무리 속에는 '되고 싶은 나'를 만들어가는 나의 길이 없다. 이러한 사실을 올바르게 인식하여 그들에 기웃거리지 말고, 자신 내면의 목소리가 내게 행하도록 요청하는 바를 충실히 따르는 것이, 자신 인생을 바꾸는 중요한 결단이다. 그러기에 인생에서 우리 내면의 깊은 곳에서 솟아오르는 작은 속삭임, 그 목소리를 사소한 것으로 무시하지 말아야 한다. 그 목소리는 현재의 삶에 대한 저항일 수도 있고, 바라는 변화에 대한 갈망일 수도 있으며, 내면 깊숙이 감추어 둔, 되고 싶은 자신에 대한 열망일 수도 있다. 우리가 지금까지의 잘못된 결정이 그 조용한 속삭임, 그 목소리에 반응하지 못한 결과일 수 있다. 이제 내면의 그 목소리, 그 직관을 매 순간의 결정에 허락하기 바란다. 그 목소리가 우리가 그동안 만들어 낸 '할 수 없다'라는 부정의 울타리를 걷어 낼 기회임을 알리는 신호일지도 모른다.

스티브 잡스가 한 조언처럼 용기를 내어 내면의 목소리 혹은 직관을 따라 내가 진정으로 원하는 그 무엇인가를 향해 나아가보라. 내면의 속삭임은 상상력으로 그 실체를 드러내어 내면에 잠재된 바라는 자신의 미래 모습을 보다 선명하게 보여줄 것이다. 그것이 '나도 할 수 있어'라는 자기암시가 되어 바라는 변화를 만들어 낼 희망의 미래로 나아가게 할 것이다.

상상 속에 자란 꿈이
인생을 변화시킨다

세상은 현실에 없는 상상으로 만들어졌다. 상상할 수 있다면 현실이 된다는 말과 같이, 우리의 꿈도 상상에서 출발한다. 하지만 상상만으로는 그 꿈을 현실화시킬 수 없다. 이미 우리 안에 있는 꿈에 대한 명확한 실체를 드러내야 한다. 그것은 곧 '되고 싶은 자기의 모습이 무엇이며, 그것을 통해 원하는 삶이 무엇인지'에 대한 우리 자신의 본질적인 자기 정의가 필요하다. 그것이 자신 삶의 목적이며 추구하는 가치를 명확하게 하는 것이다. 우리는 이 삶의 목적과 가치를 위하여 변화를 만들어 내고 그 변화의 중심이 될 것이다. 그 대가로 자신이 꿈꿔왔던 삶이 현실이 되는 오늘을 맞이하게 될 것이다.

대표적인 정신분석학자 프로이드(Freud)는 인간의 심리적 세계에는 개인에게 자각되지 않는 무의식의 정신 현상이 존재하며,

인간의 행동은 의식적 요인보다 무의식의 요인에 의해 훨씬 더 강력한 영향을 받는다고 주장하였다. 프로이드의 주장에 의하면, 현재 삶은 우리의 의식적 과정의 결과물이라기보다는 무의식적 사고 과정의 결과물이라고 할 수 있다.

그렇다면 우리가 상상하는 미래의 삶은 현재 상황을 훨씬 뛰어넘는 것이어야 할 것이다. 그 이유는 우리의 잠재의식은 상상하는 결과에 대하여 자기암시를 통해, 의식적인 노력뿐만 아니라 무의식까지 활성화하여 원하는 결과에 도달하도록 에너지를 만들어 내기 때문이다.

자기 암시의 힘

노스캐롤라이나 주립대학교 긍정심리학자 프레드릭슨(B. Fredriksen) 교수는 실험연구에서 긍정적인 기분은 다양한 사고와 행동을 만드는 데 반해, 부정적인 기분은 시야가 좁은 생각과 행동에 그치게 한다는 사실을 밝혀냈다. 그의 연구 결과는 아무리 뛰어난 능력과 조건을 갖추었다 하더라도 그것이 부정적인 정서의 그릇에 담겨 있다면, 그것이 표출되어 발휘될 기회가 매우 제한될 뿐만 아니라 우리가 바라는 삶의 밖에 있음을 시사해 주고 있다. 만일 어떤 일에든 '할 수 없다'라고 생각하면 잠재의식은 그것에 따라 반응함으로써 그렇게 될 수밖에 없지 않겠는가? 우리의 잠재의식은 부정적인 사고와 긍정적인 사고 어느 것에도 반응할 것이기 때문이다.

"나는 날마다 모든 면에서 점점 더 좋아지고 있다."라는 문구로 유명한 프랑스의 심리치료사로 무의식에 대한 연구로 응용심리학에 깊은 영향을 준 에밀 쿠에(E. Coue)는 그의 책 『자기암시』에서 "우리에게는 무엇이 보이는가가 아니라, 어떻게 보이는 가가 더 중요하다. 이것이 우리가 세상을 생각하는 모순을 설명해 주는 열쇠이다."라고 했다. 그의 말대로 어떤 일을 어떻게 상상하느냐에 따라 잠재된 의식 반응하는 행동이 달라짐에 따라 결과의 차이를 만들어 낼 것이다. 다시 말해, 성공의 생각은 성공을 상상하여 성공의 결과를 만들어 낸다. 하지만 실패의 생각은 실패를 상상하게 하여 실패의 결과를 만들어 낸다.

그러므로 데일 카네기의 조언처럼, "성공하고 싶다면 긍정적인 자기암시를 유지하는 것이 중요하다"라고 할 것이다. 비록 자기암시의 특성, 그 존재 자체를 우리가 알아차리기 힘들지라도 만일 시련과 실패에 직면하여, 그것을 가던 길을 멈추어야 할 신호라고 생각한다면 가던 길을 멈추게 될 것이다. 하지만 그 또한 거쳐 가야 할 과정이라고 생각한다면 가던 길을 계속해 갈 수 있다. 그것이 자기암시라는 존재가 만들어 낸 것이다.

자기암시는 자신의 마음에 주는 영양분으로서 잠재의식에 긍정적인 감각과 주의를 기울이게 함으로써 우리가 바라는 것을 가꾸어 발전시킨다. 바꾸어 말하면, 반복적인 자기암시는 잠재의식에 저장된 정보들이 우리의 의식으로 되돌아오는 전달 작용을 하기 때문이다. 그만큼 우리의 마음은 큰 힘을 갖고 있다. 그래서 긍정적인 자기암시가 중요하다.

성공학의 대가 나폴레온 힐(N. Hill)은 "잠재의식은 비옥한 밭과 같다"라고 말했다. 자신의 꿈과 목표가 이루어질 모습을 상상하는 순간 잠재의식은 이미 결과를 예상하고 그 예상대로 반응하여 행동한다. 따라서 우리가 꿈으로 가는 길이 아무리 어려운 힘든 길일지라도 끝까지 해낸다는 각오가 있다면, 잠재의식이 이에 반응하여 놀라운 힘을 발휘할 것이다.

거짓 자아

　인생의 변화를 막는 가장 고약한 것 중에 으뜸은 '거짓 자아'이다. 거짓 자아는 우리 내면의 부정적인 마음의 창(frame)에 의해 만들어졌다. 거짓 자아는 우리가 꿈꾸는 삶을 자각하게 될 때, 그 꿈에 대해 의미를 부여하고 해석하는 과정에서 부정적으로 사고하도록 왜곡시킴으로써 만들어진 것이다. 이렇게 만들어져 굳어진 부정적인 마음의 창(인식의 틀)은 말한다. "넌 안 돼!"라고, 과거 자신의 실수와 잘못에 대하여 부정적으로 자신에게 부과함으로써 '넌 안돼'라고, 그렇게 의미를 부여한 탓이다. 또는 과거의 경험이 부정적 시각을 강화하여 불안한 정신 상태를 더욱 강하게 유발한 탓이기도 하다.

　이러한 까닭에 대해 심리학자 아들러는 "과거의 경험이 우리의 뭔가를 결정하는 것이 아니라 우리가 과거 경험에 어떤 의미를 부여하는가에 따라 결정된다"라고 말했다. 결과적으로 우리가 거짓 자아를 벗어내는 방법은 부정적으로 사고하도록 하는 마음의 창을 닫고 긍정의 창을 열지 않는다면, 인생에서 자신이 바라는 변화로 가는 새로운 길은 절대로 열리지 않을 것이다.

부정적인 마음의 창을 닫아야 꿈이 보인다

처음 자전거를 배울 때를 생각해 보라. 쓰러지고 넘어지며 그리고 다시 일어서는 것을 반복한 끝에야 우리가 상상하는 멋진 모습이 만들어지지 않았겠는가. 이러한 과정이 성공으로 가는 여정과 같다. 그것이 인생이다.

우리는 어떤 것 때문에 상처받으며 자기를 비하하고 가던 길을 멈추게 될까? 아마, 단 한번의 시도 끝에 긴 머리카락을 휘날리며 멋진 자전거 드라이브를 즐기는 당당한 모습을 상상할 수 있지만, 그런 기적은 우리에게 있지 않다. 하지만 늘 행복하거나 항상 불행하기만 한 인생도 없듯이, 폭풍우가 몰아치고 나면 잔잔한 여울이 남는다. 문제는 고난과 역경을 만났을 때 그것을 대하는 인식의 틀, 즉 인생을 긍정적 혹은 부정적 시각으로 보도록 하게 하는 마음의 창에 따라 인생의 모습이 달라진 것이다.

우리가 누구나 같은 세상을 살아가고 있는 것 같지만 실제는 자신이 의미 부여한 세상에 살고 있다. 같은 것을 보고 같은 경험을 해도 그것에 어떻게 의미 부여하느냐에 따라 전혀 다르게 보이고 반응과 그에 따른 행동도 달라진다. 결과적으로 자신도 모르게 굳어진 부정적인 인식의 틀은 늘 인생의 문제를 부정적으로 보이도록 하여 자신 안에 부정의 공간이 더욱 넓고 크게 키워짐에 따라, 더 나은 인생으로의 변화된 삶을 막는 커다란 장벽이 되고 함정이 되었다.

돌이켜 보면, 거짓 자아는 자신에게 굳어진 인식의 틀이 어려움을 만나거나 원하는 대로 잘되지 않거나 실패가 거듭될 때마다 "내 그렇게 될 줄 알았어!"라고 자동적으로 사고(automatic thought)하도록 하여 자신의 본래 모습을 감춘 '가면 쓴 자아'가 아닐까?

가시나무에서 무화과를 만들 수 없듯이 우리가 꿈꾸는 성공적인 삶으로 나아가기 위해서는, 부정적인 마음의 창, 즉 가면 쓴 자아를 벗고 자신이 진정으로 바라는 자아의 모습으로 되돌려 놓아야 한다. 우리는 과거는 바꿀 수 없을지라도 자신이 긍정적으로 사고하고 의미를 부여하는 마음의 태도 즉, 마음의 창은 바꿀 수 있지 않겠는가? 그렇게 할 때 자신이 바라는 인생의 참모습을 볼 수 있게 될 것이고, 또 자신이 되고 싶은 모습과 원하는 삶에 대한 긍정적인 자기암시를 잠재의식에 불어넣을 수 있을 것이다.

꿈을 이룬 성공자가 지나온 길은 많은 사람이 만들어 놓은 넓은 길이 아니라 자신들이 스스로 만들어 낸 좁은 길이었다. 성서에서도 "생명으로 인도하는 문은 좁고 길이 협착하여 찾는 사람이 적다"라고 했다. 그 까닭은 많은 사람들이 넓은 길로 들어갔기 때문이다. 그렇기에 그들은 그 길에서 장애물로 길이 막혔을 때, 그들은 모든 상황을 긍정적인 마음의 창으로 바라보고 의미를 부여하여 행동했다. 그 결과 또 다른 길과 더 나은 방법을 찾았고 끈질기게 노력했다. 그렇지만 다시 닥친 큰 장애물 앞에 잠시 멈추어 서기도 했지만, 그들은 결단코 포기하지 않았다. 그들에게 성공은 미완성의 성공을 성공으로 만들어 가는 과정이기 때문에 하나의 문이 닫히면 또 다른 문을 열면 된다는 애티튜드ATTITUDE와의 약속을 지켜 냈다. 그렇기에 그들은 끝내 꿈이 자신의 현실이 되는 삶을 만들어 냈다.

제5단계

ATTI**T**UDE의 T는 TEMPERANCE, 절제력

성공 공식 T=F〈자기조절, 자기통제〉

자신이 원하는 바를 이루고자 스스로 주의집중과 감정, 행동을 조절하고 통제하는 절제력이 없다면 결코 자신이 꿈꾸는 성공적인 삶으로 나아갈 수 없을 것이다. 성공적인 인생을 만들어 가기 위해서는 자신의 욕망이나 감정, 그리고 행동을 절제하는 희생이 따라야 한다. 희생 없는 삶은 고난을 이겨낼 수 없다. 인생에서 얻은 소중한 경험은 우리가 겪는 고난이 아니라 그 고난을 어떻게 대처하는가이다.

　이런 의미에서 T, 절제력은 원하는 결과를 얻기 위해 내, 외적 자극에 대하여 자발적으로 정서 및 행동을 조절하여 통제하는 능력을 의미한다. 이는 인생에서 겪는 시련과 풍파 속에서 길을 잃지 않고 목표하는 방향을 유지할 수 있도록 돕는 마음의 관리자와 같다.

T는 마음의 강함이기도 하다. 그 이유는 성공 공식 T에는 인내, 용서, 겸손, 신중성뿐만 아니라 자기조절 및 통제력, 문제분석력, 몰입, 긍정적 마음가짐 등의 요소가 내포되어 있기 때문이다. 특히, 절제력으로서의 자기희생이나 자기용서는 심리적 고통(미움, 지나침, 분노, 갈등, 자기 비하 등)에서 자신을 지켜주며, 미래로 나아가게 하는 관대함을 품은 능력이기도 하다. 그리고 일관성 있는 분명한 목표는 자기 절제를 촉진하는 역할을 한다. 따라서 T는 감정의 균형감각을 유지하고 고갈되는 자기감정의 조절 및 통제 능력을 재생하는 재생자원과 같다.

T는 절제력이다

절제력의 본질은 자신이 목표하는 지점을 향한 정서와 행동에 집중하는 태도이다. 이는 목표 추진 과정에서의 내적 충동이나 외적 저항을 조절하고 극복하는 능력이기도 하다. 다시 말해, 절제력은 부정적 자극에 따른 감정의 파도에 휩쓸리지 않고 침착하게 상황을 판단하고 대처하는 객관적, 이성적으로 판단하여 행동하는 능력이다. 아울러 이는 무엇을 희생할지를 명확하게 인식하게 한다.

절제력은 행동을 올바르게 이끄는 힘이다. 내, 외적 자극에 따른 충동을 억제하고 목표를 향한 굳은 의지야말로 절제력의 본질적 힘이다. 이를 방해하는 충동이야말로 목표하는 바에 대한 의지를 가로막는 외적 간섭일 뿐이다. 하지만 절제력은 자유를 억압하지 않는다. 오히려 절제력은 일시적인 충동과 감정에 휘말리지 않고 추구하는 가치, 꿈, 신념을 선택할 자유를 선사한다.

T는 자기조절 능력이다

자기조절능력은 스스로 감정을 점검하여 반영하는 능력이다. 우리는 자신이 바라는 변화를 찾아가는 여정에서 수시로 만나게 되는 불확실성에 대한 두려움과 불안감에 언제든지 직면할 수 있다. 그것은 피하기 힘든 감정적 상황이다. 이 상황에서 자기조절능력이 힘을 발휘한다. 그 힘은 스스로 부정적 감정을 통제하고 긍정적인 감정과 자신의 강점, 그리고 도전을 통해 얻게 될 성공적인 삶에 집중하도록 함으로써 이를 극복해 낼 수 있도록 하는 능력이다.

인생에서 수없이 닥칠 일상의 압박과 스트레스, 예기치 않은 시련 등에서 오는 감정과 인식에 대한 조절과 통제 능력이 부족하다면, 자신이 꿈꾸는 미래를 보기는 어려울 것이다.

T는 문제 분석력이다

목적하는 바로 나아가는 과정에서 어떤 문제적 상황에 부닥쳤을 때, 원인 분석력은 중요한 성공 요인이 된다. 하지만 경계해야 할 점은 문제를 문제로 받아들이는 부정의 늪에 빠지게 된다면, 더 이상 앞으로 나갈 수 없게 되는 절망감에 빠질 가능성이 높다. 그렇기에 문제를 긍정적 시각에서 바라보고 해결 대안을 찾는 노력이 매우 중요하다. 때로는 그 문제 상황을 외면하는 것도 하나의 방법이다. 나 역시 직장을 그만두고 꿈을 찾아 늦은 대학원 공부를 시작한 이후 무거운 일상의 압박과 미래에 대한 불안감 등의 문제에 직면했을 때, 그러한 문제 상황들을 외면함으로써 비껴갈 수 있었다.

T는 몰입이다

몰입은 무엇인가 흠뻑 빠져있는 심리적 상태를 말한다. 몰입 상태에서는 주위의 방해물들을 차단하고 원하는 어느 한곳에 자신의 정신을 집중한다. 이 몰입 상태가 자기충족적 상태에 이르게 되는 것이다. 이러한 몰입은 목적과 목표가 분명할 때 더욱 강렬해진다. 자신 삶에 대한 목적이 분명한 사람은 내재적 동기가 강한 사람으로 외부의 시선과 평가보다 그 자체를 위해 더욱 집중하여 노력한다.

성공적인 삶을 펼치기 위해서는 그 꿈이 펼쳐질 아름다운 삶을 바라보고 해야 할 일에 집중해야만 한다. 비록 그 미래로 기는 길이 고통스럽고 힘들더라도 그 순간은 그 순간의 고통일 뿐 미래는 아니다. 만일 고통이 고통으로 남겨지면 그것이 절망적인 고통의 삶이다.

T는 긍정적인 마음가짐이다

긍정적인 마음가짐은 어떤 상황에도 긍정적인 태도를 유지하며 희망을 잃지 않는 태도를 의미한다. 인간의 정서는 불안정하다. 그런 정서가 절제력의 힘을 소진시킨다. 따라서 우리는 불확실한 상황이나 역경 속에서도 희망을 잃지 않고 긍정적 태도를 유지하도록 해야 한다. 긍정적인 마음가짐, Attitude는 이 책에서 '리 에티듀드Re-ATTITUDE'를 구성하고 있는 기본적인 정신으로서 긍정적인 태도가 품고 있는 영웅적인 힘이다.

절제력은 감정의 균형추

우리 인생에도 지켜야 할 법칙이 있듯이 절제된 삶이 그중에 하나이다. 영국의 문학자 사무엘 존슨(S. Johnson)이 "미래는 현재를 팔아서 사는 것이다"라고 했다. 우리의 미래가 자신이 바라는 삶으로 채워지길 바란다면 조절되지 않은 상태의 하고 싶은 일을 절제하여, 오늘에 집중해야 할 것이다.

아무리 고급 자동차라도 브레이크가 그 기능을 제대로 하지 못한다면 절대로 도로에 나와 운전할 수 없다. 우리가 바라는 미래로 향하는 길에는 멈추어야 할 곳과 때가 있다. 또 속도를 줄여 천천히 가야 할 곳이 있으며 장애물이나 코너를 돌아서 가야 할 때도 있다. 특히 목적으로 가는 인생에서 절제라는 브레이크가 제 기능을 할 수 없다면, 목적 있는 삶으로의 전진은 멈추게 될 것이다.

진정한 자유는 절제할 기회이다. 진정으로 강한 사람은 자신을 절제할 수 있는 사람이다. 베스트셀러 작가, 라이언 홀리데이(R. Holiday)는 "절제는 지속 가능한 성공을 위한 기반"이라고 설명했고, 『하버드의 성공 비결』에서는 "자기통제와 절제의 대가는 후회의 대가보다 훨씬 적다"라고 쓰고 있다.

그리고 허버트 스펜서(H. Spence)는 절제력에 대하여 "절제력은 이성적인 사람을 만드는데, 그 이성적인 사람은 자극에 대한 반응이 충동적이지 않고, 욕망에 치우치지 않으며, 자신의 감정과 행동을 통제하고 균형감각을 유지한다. 즉 자극을 고려하여 중요한 것과 그렇지 않은 것을 합리적으로 판단하고 그에 따른다"라고 했다.

이들의 말처럼 절제력은 인격을 구성하는 기본적인 토대로서, 우리가 원하는 미래로 나아가는 불확실하고 먼 여정에서 과도한 지나침을 막고 필요한 균형을 유지하면서 목표 달성에 집중하도록 하는 균형추와 같은 역할을 한다.

절제력은 재생 자원이다

우리 내면의 에너지 즉, 열정, 의지, 감정, 본능, 기분이나 태도 등은 추구하는 목적을 위해 자유로이 사용할 수 있는 자원이다. 그것들을 어떻게 사용하느냐에 따라 결과는 많은 차이를 보일 것이다.

우리가 절제력에서 주목하는 것은 마음의 에너지를 어느 방향으로 사용할 것인가와 관련되기 때문이다. 그것은 부정적, 중립적, 긍정적으로도 사용할 수 있다. 우리가 바라는 바는 그 자원을 자신이 바라는 꿈과 목표에 집중하고 그 외에는 자원의 사용을 조절하고 통제하는 힘을 발휘하는 것이다. 그렇게 할 때, 그 자원을 목적하는 바에 마음의 균형추를 맞추어 효과적으로 통제하고 조화시킬 수 있다. 그 결과는 그 자원을 목표에 집중함으로 더 큰 힘으로 발산되어 더 큰 추진력을 발휘할 것이다.

　꿈과 목표로 가는 긴 여정은 현실의 상황과 삶의 판도를 바꾸는 기회이지만 위협이기도 한 선택으로서 많은 부정적인 자극이나 상황과도 마주치게 될 것이다. 이때 절제력은 마음을 치료하는 강력한 해독제의 역할을 한다. 인생에서 고통 없이는 대가도 없듯이, 부정적인 상황이나 자극에 긍정적 태도로 마음의 자원을 조절하고 통제하는 절제력이라는 자원적 희생이 필요한 것이다. 교육심리학의 대가 벤저민 블룸(B.S. Bloom)은 그의 연구에서 "자기조절이나 통제는 에너지처럼 시간이 지남에 따라 고갈되기도 하지만 그만큼 회복 충전될 수 있는 재생자원이기도 하다"라고 했다.

제6단계

ATTIT**U**DE의
U는 U<small>NDERSTANDING</small>,
자기 이해와 깨달음

성공 공식 U=F〈자기 이해, 깨달음〉

성공 공식 U는 변화의 미래로 가는 먼 여정에서 끊임없이 자신을 자각하고 일깨우는 것이다. 이를 통해 인생에는 분명 목적이 있다는 사실을 알아차리는 것이다. 다시 말해 '나는 지금 왜 여기에 있는가?'에 대한 자각을 통해 자기성찰과 진정으로 자신이 '되고 싶은 내가 되어 원하는 삶을 사는 것'이 무엇을 의미하는 것인지를 깨달아, 내 자아가 그것을 위해 일하도록 하는 것이다. 이것이 우리가 말하는 자기 이해와 깨달음의 본질이다.

　인생의 꿈을 향해 나아가는 길은 단순히 낯선 먼 길을 여행하는 것과 비교되지 않을 만큼 험하고 먼 광야를 지나는 여정일 수 있다. 그 여정에서는 포기할 만한 절망도 있을 수 있다. 그러기에 꿈을 실현하기 위한 도전은 꿈에 대한 일관성 있는 자기 이해와 자기 확신이 매우 중요하다. 즉 내가 이루고자 하는 꿈이 정확하게 무엇이며, 그것을 위해 무엇을 희생하고 무엇을 해야 하는지에 대한 올바른 이해와 성찰이 명확하게 되어야 한다.

U는 자기성찰 과정이다

세계적인 기업가이며 부호 철강왕 카네기가 지극히 가난하여 궁핍했던 청년의 때에 용기와 희망을 준 것은 "반드시 밀물이 밀려오리라, 그날 나는 바다로 나아가리라"는 글이다. 우리가 꿈을 찾아가는 도전의 긴 여정에서 난관과 시련에 주춤주춤 뒷걸음칠 때도 있을 것이다. 때론 몸서리치도록 큰 시련 앞에 엄청나게 힘겨울 때도 있을 것이다. 그래서 잠시 멈춰 서기도 할 것이다. 하지만 꿈을 찾아 나서는 인생 항해가 계속되기 위해서는 밀물이 밀려올 그날에 광활한 바다로 기꺼이 나서야 한다.

"나는 더 나은 인생, 내가 꿈으로 가는 항해에서 희망의 돛을 내리지 않을 것이다."

"나는 바라는 변화를 만들어 내기 위해서 기꺼이 꿈꾸는 광야에 새길을 만들어 갈 것이다."

"나는 결단코 포기하지 않을 것이다. 내 꿈이 현실이 될 것이다."

이러한 자신에 대한 일관된 자기 확신과 깨달음이 꿈을 이루어가는 참다운 '자기성찰'이다.

U는 깨달음이다

　꿈을 찾아 나서는 사람은 현재와는 다른 변화된 삶을 갈망하는 사람으로 자기실현적 욕구가 강한 사람이다. 이런 사람에게 세상은 기회의 문을 열어 놓고 있다.

　자신이 바라는 삶을 열망하는 사람에게 진정한 깨달음은 자신이 인생의 주인공이며 주체라는 자각일 것이다. 그러므로 자신 스스로가 영웅이 되어 바라는 변화를 만들어 가야 한다. 그래야만 꿈꾸는 삶이 현실이 될 수 있다. 미국의 유명소설가이며 저널리스트 크리스토퍼 몰리(C. Morley)의 "자신의 힘으로, 인생을 살아갈 수 있어야만 성공할 수 있다"라는 말을 기억해야 할 때이다.

나는 남과 다르기 때문에 다르게 산다

　우리가 성장하면서 사회화 학습과 경험에 따라 사회적 기준에 따라 보편화된 생각과 인식으로 유사한 행동을 하지만, 우리는 분명 남과 다른 인생의 목적과 가치가 있다. 모든 사람은 태어나는 순간 세상에 단 사람도 나와 같은 사람이 존재하지 않는 유일한 사람, 곧 '나'이다. 그렇다면 우리는 남과 다름의 길을 만들어 갈 자신의 길이 있다. 그렇기에 저마다 다른 문을 열고 다른 길을 가야 한다. 바꾸어 말하면, 내가 선택한 길이 바라는 나를 만들고 나를 이끌어 간다는 것이다. 이 선택으로 우리는 남들과 다른 '나 다움의 삶'이 실현될 것이다.

　하지만 우리가 사회 속에서 성장하면서 자신도 모르게 다른 사람과 인생의 속도나 보폭을 맞춰 걷거나, 혹은 그곳이 안전하다는 이유로 그들이 공유하고 있는 규칙에 맞추어 그들이 지나간 그 길로 가게 된다. 그렇게 됨으로써 어느새 자신의 길을 잃어가고 있고, 성공은 남의 일이 되고 있다.

앞서 인생에는 반드시 목적이 있다고 말했듯이, 나는 꿈을 향한 도전과 그것의 성취 과정에서 인생에는 분명한 목적이 있다는 그 사실을 깨달을 수 있었다. 그리고 새로운 꿈과 목표가 세워졌다. 이 새로운 꿈은 꿈과 희망을 전하는 사람이 되어 그동안 세상에서 받았던 것을 조금이나마 되돌려주는 봉사의 삶이다. 이 책을 쓰는 이유도 그의 일부이다.

나는 지금껏 살면서 얻은 소중한 깨달음은 '자신의 길을 가고자 하는 사람에게는 자신다움의 삶이 만들어진다'라는 사실이다. 그렇지만 많은 사람이 자신의 길을 가지 못하는 결정적인 이유는 능력과 기회가 없기 때문이 아니라 스스로 자신만의 길을 만들어 낼 능력이나 기회가 있다고 믿지 않았기 때문이거나, 혹은 남들이 만든 인생 규칙에서 벗어나지 못했기 때문일 것이다.

모든 사람이 그러하듯, 우리는 자신이 꿈꾸는 삶을 만들어 낼 힘과 능력이 우리 안에 있다. 그 힘은 내가 바라는 나다운 삶으로 인도할 것이다. 지금이 당신의 길을 만들어 갈 그때이다. 우리는 '나다운 나'를 되찾아야 한다. 그것의 시작은 이 책에서 주장한 '리 애티튜드Re-ATTITUDE' 하는 것이다. 리 에티튜드는 자신이 바라는 인생의 가치가 무엇인지, 내가 원하는 삶과 되고 싶은 나의 모습이 무엇인지, 그것을 위해 무엇을 해야 하는지를 이해하고 되찾아 회복하는 것이며, 동시에 성공을 위한 결의이다. 이러한 자기 이해와 깨달음이 행동할 때, 다른 사람과 다른 자신이 꿈꾸는

'나다운 나'의 삶으로 인도할 것이다.

내 운명의 주인공은 나 자신이다

독일을 대표하는 시인이자 소설가, 정치인이었던 괴테(J. W. Goethe)는 "사람은 누구나 자신을 위해 스스로 개척한 길을 가야 한다. 그러니 헛된 한 소리에 현혹되거나 타인의 생각에 지배되지 말라."라고 했다. 그의 말처럼 우리는 자신의 길을 만들어 가야 한다. 그 길이 세상에서 우리가 다른 사람과 구별되는 삶이다. 곧 우리가 만들어 낼 꿈꾸는 삶이다.

앞서 강조했듯이, 인생에서 자신이 되고자 하는 내가 되어 원하는 삶을 만들어 갈 유일한 사람은 바로 '나' 자신이다. 나는 세상의 유일한 존재, 그 자체로서의 위대한 '나'이다. 하지만 많은 사람이 그러했듯이, 타인의 기대와 시선을 의식한 탓으로 내면에 꿈틀거리고 있는 소중한 인생을 제한하거나 외면함으로써 점차 '나다운 삶'에 대한 의지를 잃어가는 안타까운 경우를 힘들지 않게 볼 수 있다.

우리가 다른 사람들의 시선에 머물러 있어 그토록 열망하는 자신의 꿈을 외면하거나 멀리한다면, 우리의 삶은 인생의 나침판을 잃어버려 방황하는 삶일 수밖에 없다. 내 인생의 배가 어디로 항해하는지 잃어버린 채 세상과 남들이 만든 삶의 규칙이라는 풍랑에 따라 그저 끌려갈 뿐이다. 그렇게 되면 내가 도달하는 목적지는 내가 바라는 곳, 그 미래가 분명 아니다. 어떤 상황에서도 나와 동행하는 동반자는 바로 '나 자신'이라는 사실이다. 절대로 당신은 자신이 꿈꾸는 인생의 나침판과 방향키를 남의 시선에 맡겨져서는 안 된다. 당신 인생이 도달해야 할 곳은 꿈꾸는 삶이 현실이 되는 오늘이다.

타인의 시선

우리가 현재의 상태를 뛰어넘어 변화된 삶에 대한 꿈이 있다면, 자신의 생각과 행동이 남의 시선 안에 머물러 있어서는 절대로 바라는 변화, 꿈을 향한 새로운 길로 나아갈 수 없을 것이다.

타인의 시선은 그들이 바라는 것일 뿐, 내가 바라는 것은 아니다. 타인의 시선은 지난 과거를 바라보고 있지만, 나의 시선은 '되고 싶은 나'를 찾는 미래를 바라보고 있다. 타인의 시선은 많은 사람이 지나간 길에 머물러 있다면, 나의 시선은 내가 만들어 갈 '나다움'의 길이다. 타인의 시선은 넓고 잘 다듬어진 길을 바라보지만, 나의 시선은 광야와 같이 거친 길을 바라보고 있다. 타인의 시선은 그들의 경험이며 인생일 뿐이다. 나의 인생은 나의 시선으로 바라보고 만들어 갈 창조물이다.

말하지만, 자신이 바라는 변화된 내일을 꿈꾸지 않는 사람에게는 이 책에서 얻을 수 있는 것이 없을 것이다. 우리들이 바라는 인생은 자신의 길을 결정하여 계획하고 그에 따라 스스로 만들어 내는 삶이기 때문이다. 그것이 자신이 꿈꾸는 삶이다. 성공은 꿈을 이루어 낸 사람의 몫이라는 것이다. 이러한 인식이 이 책에서 말하는 자기 이해와 깨달음의 본질이다.

집단주의에서 벗어나
외로운 길을 가라

세상에서 명확한 꿈이 없는 80%의 사람에게는 현재의 삶의 방식을 벗어나 불확실한 꿈을 찾아 나서는 사람을 이해하기란 절대로 쉽지 않다. 이들은 직관적 혹은 경험적으로 현재와 다른 변화를 추구하거나, 꿈꾸는 삶에 대한 도전이 광야의 길과 같은 시련과 고난의 멀고 험한 여정이라고 굳게 믿고 있기 때문이다.

한편으로는 현실의 삶에 순응하는 것이 안전하다고 위안하는 집단주의 삶에 익숙해 온 탓이기도 하다. 이들에게는 꿈꾸는 더 나은 삶을 향한 도전, 바라는 변화를 만들어 가는 인생 모두가 두렵고 힘겨워 보일 뿐이다. 아마도 그러한 부정적으로 심어진 마음의 밭이 꿈이 없는 80%의 사람을 만들어 낸 것이 아닐까 생각한다.

인생에서의 깨달음 중에 가장 주목할 부분은 원해야만 얻을 수 있고 원하는 만큼 얻을 수 있다는 것이다. 원하지 않는 것을 얻을 확률은 거의 제로에 가깝다. 꿈을 찾아가는 결단의 때와 그 여정에서 만나는 타인의 비난과 조롱은 아마도 그들만의 허술한 아성, '안전지대'가 위협받을지도 모른다는 박탈감에서 나온 이기심의 표출일 뿐이다. 그저 그들 자신 생각이나 의견을 넋두리하듯 말한 것이다. 그들은 늘 그렇게 했다. 자신의 길을 찾아 꿈으로 나아가는 사람에게 남의 말은 세상에서 가장 쓸데없는 말일지도 모른다. 만일 우리가 그러한 사람들에게서 멀어질 결심을 한다면 외로운 길을 가야 할 것이다.

스타벅스 성공 신화를 만들어 낸 하워드 슐츠, 그는 11개에 불과했던 매장을 77개국 2만 8천여 개까지 성장시켜 스타벅스를 세계적 기업으로 만들어 낸 주역이다. 그는 스타벅스 방식의 커피맛에 매료되어 안정적인 생활 여건에 필요한 보수와 혜택을 제공하는 회사를 떠나 주변의 극심한 반대가 있었지만 겨우 5개의 매장을 운영하는 영세 커피점 스타벅스로 이직했다.

그는 이와 같은 결정을 하게 된 이유를 자서전에 이렇게 쓰고 있다.

"이것은 나 자신을 위한 선택의 순간이었다. 만일 그 기회를 잡지 않는다면, 현재의 평안한 위치에서 벗어나 모험을 하지 않는다면, 그래서 내가 이 많은 시간을 그대로 허비해 버린다면 나의 순간, 나의 기회는 그냥 지나가 버리고 말 것이라고 생각했기 때문이다."

― 하워드 슐츠 & 도리 존스 양, 『스타벅스 커피 한잔에 담긴 성공신화』

그가 현재의 안전한 삶을 버렸기에 그는 새로운 미래로 나설 수 있었고, 세계적인 기업과 부와 명예를 갖는 세계적인 인물이 될 수 있었다. 이처럼 인생에서 위대한 선택과 행위는 오직 자신이 바라는 변화, 꿈과 미래에 호소하는 것이다. 어떤 경우에서든 성공적인 인생을 원한다면, 다른 사람들이 지나간 길 위에 머물러 있는 무리의 시선을 지나쳐 오직 자신이 가고자 하는 길을 외롭게 가야 한다. 진정 우리가 원하고 바라는 삶은 그들의 비난 속에 있지 않다. 우리가 꿈꾸는 삶은 오직 자신이 원하는 변화된 모습을 찾아가는 자신의 미래이며 인생이다. 그것만큼 가치 있는 삶이 어디 있겠는가?

인생은 고정된 것이 아니라 바라는 그 무엇이 되어 가는 과정이다

　우리가 꿈꾸는 미래는 현재의 군중들이 머물러 있는 평범한 삶을 거부한다. '더 높게, 더 멀리, 더 빠르게' 날기를 갈망하여 도전하는 갈매기 조나단처럼 그들의 무리에서 벗어나 오직 자신만의 의지로 외로이 혼자 가야 한다. 그 도전의 여정에는 함께 가는 동반자가 없다.

　그렇지만 꿈꾸는 삶을 향한 도전의 여정에서 실패에 대한 두려움, 시련에 대한 우려, 주변 사람들의 거센 비난이 몰려와서 문을 두드리면, 이렇게 소리쳐라! "지금, 나는 내가 바라는 희망찬 미래, 꿈으로 나아가고 있다고." 그러니 스스로 따뜻한 말로 자신을 위로하고 격려해야 한다. 그럴 때 보이지 않는 손길이 당신의 길에 도움이 될 것이다.

　인생의 길에서 누구든 내 마음을 통하지 않고서는 내 곁에 가까이 다가올 수 없다. 부정적인 것들에 내 곁을 내주지 말기 바란다. 자기 계발과 동기부여 분야의 세계적인 작가, 지그지글러(Z. Ziglar)가 "정상에는 항상 자리가 많이 남아 있다. 그러나 그 자리에 앉기까지는 아주 좁은 길을 지나야만 한다."라고 말한 것처럼, 나는 나의 인생, 나만의 삶의 가치를 만들어 가는 좁은 길을 선택해야 할 것이다. 그 길이 협착하여 많은 사람이 다니지 않는 낯선 길이지만, 그 길은 당신이 바라는 희망의 길이 될 것이며 곧 자신의 길이다. 이러한 결의와 결단이 참된 인생으로 가는 진정한 깨달음의 선물이다.

우리는 너무 오랫동안 당신의 소중한 꿈과 희망을 다른 사람들의 시선이나 변화에 대한 두려움의 벽 안에 가두어 두지는 않았는지, 다시 한번 되새겨보길 바란다. 더 이상 당신이 남의 시선과 실체가 불분명한 두려움의 함정에 빠져있는 희생양이 될 수는 없지 않겠는가? 자신의 꿈을 믿고 용기 내어 좁은 길로 가 보라!

성공을 준비하라, 성공은 준비된 사람의 몫이다

"현인은 기회를 발견하는 것이 아니라 스스로 만든다." 영국의 정치가이며 철학자인 프란시스 베이컨(F. Bacon)의 말이다. 그의 말은 기회를 놓치지 않도록 항상 준비해 두는 것도 매우 중요한 일이지만, 더욱 중요한 것은 기회가 오기만을 기다리지 말고 적극적으로 기회를 만들려는 준비 된 노력이 필요하다는 의미이다. 여기서 '기회를 발견한다는 것'은 기다리고 있다가 그것을 놓치지 않는다는 뜻도 포함하고 있다. '만든다는 것'은 적극적으로 노력한다는 의미이다. 고대 그리스의 3대 비극 작가인 소포클레스도 "기회는 모든 노력의 최상의 선장이다"라고 말함으로써, 기회와 행운은 노력이나 준비 없이는 찾아오지 않는다고 강조하고 있다.

명확한 방향과 준비 없이 가는 인생의 행로는 실패를 준비하는 것이다. 그래서 인생은 늘 후회와 궁핍함이 뒤따른다. 성공은 목표를 가지고 노력으로 준비한 사람이 차지하는 보상이다.

존 아치볼드(J. Achibold)는 말단사원에서 석유재벌 록펠러의 뒤를 이어 최고경영자까지 오른 신화적인 인물이다. 그에게 특별한 재주가 있는 것은 아니었다. 미국 스탠더드 석유회사 말단 직원이던 시절에 출장을 가게 되면 언제나 호텔 숙박부에 사인하면서 작은 글씨로 '한 통에 4달러 스탠더드 석유회사입니다'라고 썼다.

그의 동료들은 그를 '1통에 4달러'라는 별명으로 비웃었다. 하지만 아치볼드는 출장지 호텔 숙박부에 늘 그랬던 것처럼 '한 통에 4달러 스탠더드 석유회사입니다'라고 기록하는 평소의 행동 때문에 우연히 그 회사의 회장 록펠러를 만나게 되었다. 그 일은 그에게는 준비된 기회였다. 그는 회장 록펠러의 "회사 일에 열정을 가지고 있는 아치볼드와 같은 사원을 옆에 두고 싶다"는 뜻에 따라 본사 발령을 받게 되었고, 훗날 록펠러의 뒤를 이어 스탠더드 석유회사의 사장이 되었다.

남들과 구별되는 나만의 삶의 방식으로 열정과 한결같은 자세로 일한 그는 주어진 일에 대한 목적을 분명히 하고, 그것을 위해 필요한 노력을 계속해 온 성공의 기회를 준비한 사람이었다.

로마 제국 시대의 정치인이며 철학자 세네카(L. A. Seneca)가 "행운이란 준비가 기회를 만날 때 생기는 것이다"라고 말했다. 우리에게도 기회는 반드시 찾아온다. 하지만 그 기회는 준비된 사람의 것이다. 준비되지 않은 자에겐 잠자고 있을 때 찾아오고, 준비된 자에겐 눈을 부릅뜨고 있을 때 찾아온다. 그렇다. 성공의 법칙은 '미래를 적극적으로 준비하는 것'이다. 그 준비는 명확한 꿈과 목표가 있을 때 준비될 수 있다.

실패는 선물이다, 포기하지 마라

　성공은 실패와 깊이 관련된다. 이들 두 개념은 상호 원인이고 상호 결과가 된다는 사실에 유념할 필요가 있다. 이 말은 바꾸어 말하면, 실패를 통해서 성공으로 갈 수 있다는 의미이다. 어린아이가 두 발로 서기 시작하고 걸음마를 떼고 넘어지는 것을 반복하는 것은 반드시 거쳐야 할 실패의 학습 과정이다. 마찬가지로 인생 여정에서 많이 넘어지기도 하겠지만, 다시 일어나면서 더 나은 실패를 학습하게 되고 그때마다 점점 강해지고 균형도 훨씬 더 잡게 된다. 다시 일어나 걷겠다는 의지만 있다면, 그것이 우리가 받은 실패의 귀중한 선물이다.
　실패(failure)란 결코 희망과 용기를 잃고 가던 길을 완전히 멈추는 포기나 패배(losing)와는 같은 개념이 아니다. 일시적인 실패를 완전한 패배로 생각하여 포기하면 패자가 된다. 꿈과 목표로 가는 여정은 실패할 때 끝나는 게 아니라 포기할 때 끝이 난다. 바꾸어 말하면 실패한 사람이 패배하는 것이 아니라 포기한 사람이 패배하는 것이다. 우리의 노력은 매번 새로운 시작으로 전혀 다른 실패일 수 있다. 그러나 실패에 머물러 있다면 더 이상 새로운 시도나 더 나은 실패를 경험할 수 없을 것이다. 그래서 실패는 매우 긍정적인 성과이다.

발명왕 에디슨이 자신의 실패에 대하여 "안 되는 수많은 방법을 알아냈을 뿐"이라는 말처럼, 실패는 우리에게 긍정적인 성과를 남길 뿐만 아니라 앞으로 나아갈 더 나은 방법을 알려주기 때문에 그런 의미에서 우리가 실패를 어떻게 받아들이느냐가 매우 중요하다.

그렇다. 실패란 포기하지 않는 대가로 또 다른 길을 열어주는 귀중한 선물이다. 다시 말해, 실패는 '오답을 하나씩 지우면서 자신만의 답을 찾아가는 실천의 또 다른 과정'이다. 이런 의미에서 실패란 '미완성의 성공'이라 할 것이다.

경영의 신, 마쓰시다 고노스케는 "내 인생 사전에 실패라는 말은 없다. 실패는 나의 부족함을 채워가는 기회이기 때문이다."라고 했다. 그런데 절대 실패하지 않겠다고 다짐하는 사람이라면, 역설적으로 어떠한 노력도 하지 않겠다고 결심한 사람이다.

영국의 시인 알렉산더 포프(A. Pope)도 "실패는 사람이 한다. 그것을 관용하는 것은 신이다"라고 했다. 그러니까 실패했다고 해서 낙담하여 포기해서는 안 된다. 사람은 신이 아니기 때문이다. 실패했기 때문에 주저앉는 것보다 더 중요한 것은 다시 일어나 시작하는 것이다. 끝까지 포기하지 않는다면 반드시 성공하게 될 것이다. 이 원리는 수많은 성공자가 보여준 확실한 증거이며 최상의 성공 법칙이다. 세계적인 기업 알리바바의 창업자 마윈의 좌우명은 "절대로 포기하지 않는다"이다. 우리가 자신이 바라는 변화로의 도전은 실패했을 때 끝나는 것이 아니라 포기할 때 끝이 나는 것이다. 이렇게 보면, 진정한 실패의 순간은 포기할 때이다.

인생의 어느 단계에서 극복해야 할 난관이 반드시 있다. 나의 경우에도 난관이 찾아왔다. 부친의 사업 실패로 내 몫이 된 부채의 늪에서 이제 겨우 벗어나 경제적 싹을 키울 즈음에 금전 사기를 당해 적잖은 빚을 졌고, 부모 양친 모두의 암 판정으로 인한 긴 치료 과정으로 삶에 또 위기가 닥친 것이다. 심장이 타들어 가는 고통과 고독한 고뇌의 시간, 상실감으로 한발도 앞으로 나아갈 수가 없었다. 이제 비로소 오래도록 드리워진 어두운 그늘을 벗어났는데 말이다. 처음으로 삶을 포기하고 싶은 생각이 들기도 했다. 하지만 먹구름은 사라지고 다시 햇살이 비치는 소망의 문이 열리듯이, 고난이 교회의 새벽 문을 열게 했고 위로를 만남으로 소망이라는 깨달음을 얻게 되었다. "네가 너와 동행하여 너의 도움이 되리라"라는 내면의 그 목소리에 빛을 바라보는 소망으로, 나는 더 나은 삶에서 사는 것을 보고 싶었다. 이러한 고난의 순간이 지나감에 따라 인생에 대한 겸허한 성찰이 이루어졌고, 더 성숙된 신앙인의 삶을 살아가는 사람이 될 수 있었다.

실패를 채워라

역설적으로 말하면 인생은 실패한다. 원대한 꿈이 있기에 더 크게 실패할 수 있다. 인생이란 실패라는 역경, 고뇌의 터에서 자라고 성장해 가는 긴 여정과도 같다. 그러기에 우리는 인생에서 실패하지만 결코 인생의 길을 멈추지 않는다. 최고의 맹수 사자가 매번 사냥에 실패할지라도 사냥하기를 포기할 수 없는 이유는 생존이다. 우리 인생이 맹수처럼 그렇게 처절하지는 않을지라도 성공의 기회는 언제든 열려있고, 그 실패를 극복해 낼 힘과 능력도 분명히 있다. 실패하지 않고서는 실패하지 않는 법을 배울 수 없듯이, 우리는 실패라는 미완성의 과정을 또 다른 시도로 채워가는 과정에서, 더 크게 깨달아 지혜를 얻게 되고 더 단단하고 굳세어지며 더 의지가 불태워져 더욱 노력하게 된다. 그렇게 함으로써 결국 인생, 곧 꿈꾸는 희망찬 미래는 실패라는 미완성을 완성으로 채워갈 것이다.

『영혼을 위한 닭고기 수프』라는 책의 공저로 150주 연속 베스트셀러의 경이로운 기록을 세운 잭 캔필드(Jack Canfield)는 그의 책에서 "인생은 오르막이 있으면 내리막이 있는 것, 그 길 위에서 내가 해야 할 일은 넘어질 때마다 다시 일어나는 것"이라고 했다. 그의 말처럼 누구나 넘어질 수 있다. 문제는 그것을 받아들이는 태도의 차이가 인생의 차이를 만들어 낸다. 만일 '넘어졌으니 아프다, 실망스럽다, 더 이상의 시도는 무의미하다고 포기할 수밖에 없다'라고 생각한다면, 원하는 변화된 삶이 오늘이 되는 현실을 절대로 맞이할 수 없을 것이다. 하지만 '실패는 성공으로 가는 여정에서 실천의 또 다른 방법으로 미완성의 성공을 완성으로 만들어 가는 디딤돌 혹은 과정'으로 본다면, 미완성을 완성으로 채워가기 위해 더욱 크게 노력하게 될 것이고, 끝내는 목적하는 바를 이루어 낼 것이다.

전설의 농구선수 마이클 조던은 "내 인생에서 9,000번 넘게 실패했고 300번가량 게임에서 졌다. 그 가운데 26번은 마지막 회심의 역전 슛이 실패해서 진 것이다. 이처럼 나의 농구 인생은 실패의 연속이었다. 바로 이 실패가 나의 성공을 만들어 낸 이유이다."라고 했다.

프로야구에서 최고의 타자라 불리는 전설적인 선수들일지라도 타석에 들어와 평균적으로 10번의 기회 중 3번 정도를 성공해 1루에 도달한 선수이다. 다시 말해, 최고의 프로 타자라 할지라도 3할 타자일 뿐이다. 달리 말하면 7할은 실패했다는 것이다. 아마도 역대 프로선수 중에서 4할을 성공한 경이로운 그런 타자는 없다.

마찬가지로 우리도 인생에서 실패하며 또 실패한다. 그러면서 실패의 횟수를 줄이는 더 나은 실패를 하게 되고, 결국에는 실패를 모두 지우게 됨으로써 성공에 도달한다. 가시 없는 장미가 우리가 바라는 장미일 수 없듯이, 우리 인생의 꽃은 실패 속에서 피어난다. 그래서 성공의 꽃이 소중하고 행복한 것이다.

야구의 신, 최강야구 김성근 감독이 한 인터뷰에서 "야구란 후회를 관리하는 것이다"라고 말했듯이, 인생도 그러하다. 인생의 실패는 후회를 남겨두는 것이 아니라 더 나아가는 디딤돌로 이어가는 과정이라 할 것이다.

우리는 막힘없는 예측 가능한 인생길을 가고 싶어 한다. 하지만 그 길을 가 보지 않고서야 막힌 길임을 어떻게 알겠는가? 다시 돌아가 다른 길을 찾아가면 된다. 그래서 성공이란 실패가 만들어 낸 결과물이라고 말하고 있다.

성공적인 삶이란
찾는 것이 아니라 만들어 가는 것

　행복학 열풍을 불러일으킨 하버드대학교 심리학과 탈 벤 샤하르(T. B. Shahar) 교수의 명언 중에 "실패하는 법을 배워라, 아니면 배우는 데 실패할 것이다(learn to fail or to learn)"라는 말이 있다. 하지만 우리는 누구나 실패 없이 단번에 원하는 목표에 도달하고 싶을지도 모른다. 단언하지만 성공하는 삶에서 그러한 행운은 결단코 없을 것이다.

　미국의 위대한 대통령 링컨은 구두 수선공의 아들로 태어나 초등학교 중퇴의 학력이지만 독학으로 변호사가 된 사람이다. 링컨의 어린 시절은 온통 가난한 삶이었다. 그는 10살에 어머니를 잃었고 22살에 누이가 세상을 떠났다. 어렵게 결혼했으나 아들을 둘이나 잃는 큰 아픔을 겪었다. 그리고 그는 사업 실패로 35살에 파산했으며 긴 세월을 빚을 갚는 데 보내야 했다. 그는 정치에 입

문해서도 7번이나 낙선했다. 이러한 수많은 시련과 고난에도 그의 꿈을 향한 도전을 멈추지 않았다. 그 결과 미국의 위대한 대통령 중 한 명으로 가장 존경받는 대통령이 되었다. 그는 노예해방을 이끌어 낸 위대한 혁명가였고, 남북을 하나로 통합하여 오늘날 미국이 최고의 강대국이 되는 초석을 세운 정치지도자로 미국 역사에 기록되어 있다.

링컨의 인간적인 일면을 보여주는 한 가지 예를 소개하면, 그가 대중 앞에서 취임 연설 도중에 한 사람이 큰 소리로 "잊지 마시오, 링컨! 당신은 한낱 구두 수선공의 아들일 뿐이라는 사실을!"라고 말했다. 장내는 일순 침묵에 휩싸였다. 링컨은 의연하게 말했다.

"그렇습니다. 저는 수선공의 아들입니다. 안타깝게도 저의 아버지는 이미 세상을 떠나셨지만, 만약 당신의 구두가 망가진다면 제가 고쳐드릴 수 있습니다. 하지만 죄송하게도 아버지가 하신 것처럼 멋지게 고칠 수는 없을 것 같군요. 저의 아버지는 그만큼 훌륭한 분이셨습니다."

링컨의 대답에 감동한 사람들은 힘껏 박수를 보냈다. 후에 그는 미국의 대통령으로서 세계적인 사람이 되었다.

큰 꿈을 안고 가는 인생의 길에는 빛과 어둠이 끊임없이 교차한다. 만일 어둠의 터널이 없다면, 터널을 빠져나온 후에 보게 될 밝은 빛이 얼마나 위안이 되고 기쁨을 주는지 어떻게 알 수 있겠는가?

나는 이 책에서 꿈으로 가는 인생을 광야와 같은 긴 여정으로 비유했다. 그 광야의 길은 우리가 한 번도 가 보지 않은 낯선 길이다. 1925년 노벨문학상 수상자 조지 버나드 쇼(G. B. Show)가 "인생이란 자신을 찾는 것이 아니라 만드는 것이다"라고 말했듯이, 우리 스스로가 되고자 하는 나의 길을 탐험하면서 만들어 가야 한다. 그러기에 그 광야는 누구나 힘겨운 시련과 더 큰 절망도 겪을 수도 있을 것이다. 하지만 신은 우리에게 견딜 수 있는 만큼의 시련만을 주신다고 했다. 그러니 시련에 굴복해서 우리가 가던 길을 멈추고 그 전의 길, 그 삶으로 돌아가는 후회스러운 선택을 해서는 절대로 안 된다. 수많은 성공자가 그러했던 것처럼, 다시 일어나 가던 길을 조금은 느리게 느리게라도 한 걸음씩 나아가야 한다.

우리가 꿈꾸는 미래의 여정을 멈추지 않을 때, 꿈은 더욱 간절해질 것이고 성공 의지는 더욱 굳세어 갈 것이다. 우리가 자신을 믿고 행동할 때 놀라운 일이 생긴다. 더 크게 나아갈 때 더 큰 고난도 오지만 그 힘을 이겨내는 능력도 또한 생겨난다.

2009년 포브스가 선정한 세계 100대 부자에 이름을 올린 바 있는 미국에서 가장 영향력 있는 부유한 흑인 중에 한 사람, 오프라 윈프리(O.G. Winfrey)는 텔레비전에 적합하지 않은 외모라는 이유로 해고당했었다. 또 월트 디즈니의 경우, 디즈니의 테마파크 컨셉은 은행을 비롯해 심의회, 지방 당국들로부터 300번 넘게 거절당하기도 했다. 해리포터 시리즈의 저자, 롤링(J. K. Rowling)이 가난으로 많은 출판 거절에 책 쓰기를 포기했다면 해리포터 시리즈는 탄생하지 못했을 것이고, 아마 국가 지원금으로 살아가는 미혼모로서 궁핍한 삶을 벗어나기는 쉽지 않았을 것이다. 뿐만 아니라 지금과 같은 명성과 억만장자는 결코 자신 것이 아니었을 것이다.

이들 외에도 많은 성공한 사람들이 고난과 실패, 절망 속에서 다시 일어나 자신의 꿈을 이룬 것처럼, 우리 인생에서도 자신이 품은 소중한 꿈을 포기하지 않는다면, 그것을 이루는 감동적인 성공의 발자취를 남길 수 있을 것이다. 어떤 선택이든 오직 자신에게 있다. 우리가 만들어 가는 성공적인 삶은 결국 우리가 누릴 희망찬 미래이다.

오늘이라는 시간에 대한 자각

인생에 대한 우리의 자각은 우리의 시선이 미래에 그 초점이 맞추어져 있지만, 현재를 통해 미래가 만들어진다는 깨달음이다.

현재와 미래가 동시에 만날 수 없듯이 현재만이 우리에게 속한 것이다. 인생의 몫은 오늘 보낸 시간의 축적에 달려있다. 결과적으로 우리가 오늘 어떤 선택과 행동을 하는지에 의해 미래가 결정된다는 것이다. 여기서 상기해야 할 것이 있다. 그것은 내가 시간을 내어 만들어 낸 오늘의 노력으로 그곳에 영원히 살아야 한다는 사실이다. 그곳이 꿈꾸는 행복한 삶이든 아니면 아쉬운 삶일지라도 말이다.

하오런은 『하버드 강의 노트』에서 시간의 발걸음을 3종류로 정의하고 있다. "과거의 발걸음은 멈추었고, 현재의 발걸음은 화살처럼 빠르며, 미래의 발걸음은 느릿느릿 다가온다"라고 쓰고 있다. 너무 빨리 가는 시간의 파고에 같이 너울거리지 않는다면, 내일이 오늘이 된 그 현재, 원하는 곳에 도달할 수 없을 것이다. 오늘 우리는 당신이 바라는 삶, 그 소명을 위한 시간으로 오늘을 채워가야 할 것이다.

시골 밀양의 가난한 집안, 그 이유로 대학 대신에 이른 군입대를 선택할 수밖에 없었던 ㈜부원테크 강호철 대표. 그는 제대 후, 군에서 모은 3만 원으로 소도시 양산에 이주하여, 그곳의 건실한 중견기업에 생산직으로 직장생활을 시작했다. 타고난 두뇌에 성실이 더해지면 책임있는 관리자의 눈에 가까이 보이고 귀에 닿는 법. 어떤 연유에서건 그는 가장 신뢰할만한 사람이 맡는 부서의 직무로 옮겨져 그 부서의 최고 책임 자리까지 올랐다.

인생은 변화하는 것, 그 역시 퇴직을 결심하고 새로운 길을 선택했다. 무엇이든 새로운 도전은 현재의 좋은 계급장이나 다름없는 직장의 명함을 버리는 것이 결코 쉬운 선택은 아닐 것이다. 하지만 그는 꿈꾸는 미래를 향한 자신의 길을 선택했고, 그 결과 건실한 제조기업을 일구어냈고, 이웃과 지역에 나눔을 이어가는 소식을 이따금 매스컴을 통해 알려지는 사람이 되었다.

그는 새롭게 시작한 사업으로 지독한 시간과의 싸움에도 불구하고 가난의 몫으로 포기할 수밖에 없었던 대학을 43세에 시작하여 47세에 방송통신대학을 졸업하고, 56세에 경영학박사 학위를 취득했다. 그리고 그해 겸임교수로서 그가 그토록 꿈꾸었던 대학 강단에 서는 꿈을 이루어 냈다. 그는 말했다. 그가 지금까지 늦은 나이에도 대학과 대학원 박사학위까지를 일과 병행할 수 있었던 것은 오늘이라는 시간과 내일이라는 시간을 오늘이 되는 시간의 연장에 늘 함께했기 때문이라고 했다. 다시 말해, 그의 오늘이라는 시간을 새벽 4시로 이어진 결과라는 것이다. 그의 성취는 오늘이라는 시간을 꿈과 희망으로 채운 몫이다.

Review Box

나는 어떤 사람인가?

　심리학자 칼 로저스(C. Rogers)는 "인간은 근본적으로 자신을 가치 있는 존재로 성장시키기 위해 자기 잠재력을 발현시켜 유능한 인간이 되려는 선천적 욕구를 지닌, 자기실현 경향성을 갖고 있다"라고 말했다. 자기실현 성향은 행동의 원천으로서, 그 행동은 자기실현의 목표를 달성하기 위하여 자신의 잠재 능력을 발휘한다는 것이다.
　자기실현적 인간은 '결핍보다 성장 동기를 중요시한다. 이들은 성장을 위해 새로운 도전을 받아들이고 도전을 위하여 그동안의 익숙하고 편안한 것을 버리는 희생을 기꺼이 감수한다.' 이러한 자기실현적 욕구는 인간에게는 누구나 자신이 생각하는 것보다 더 많은 가능성과 잠재력을 지니고 있기에 가능하다. 하지만 많은 사람이 자기실현의 장으로 나아가기를 꺼리는 이유는 자신이 가진 놀라운 잠재 능력보다는 막연한 실패에 대한 두려움에 초점이 맞추어 있기 때문이다.

심리학자 마슬로우는 "많은 사람이 자신의 새로운 변화를 다른 사람들이 받아들이지 못할 것이라는 두려움 때문에 개인적 성장을 회피하는 경향이 있다"라고 지적하면서, 이를 '요나 콤플렉스(Jonah complex)'라 불렀다. 자기실현적 사람은 이러한 두려움을 극복하여 자신의 가능성을 최대한 발현한 사람이라고 할 수 있다. 자신이 원하는 삶, 그 꿈을 실현하기 위해서 자기실현 경향성이 발휘될 기회를 스스로 박탈하지 말 것을 권한다.

인생의 안전지대

　우리는 각자 자신이 속해있는 환경과 현재의 삶의 방식에 녹아들어 살아가고 있다. 현재의 환경과 삶의 방식은 친숙하고 편안하고 안전하게도 느껴지는 삶의 양식이며 행동 지대이다. 그러기에 익숙한 현재의 상태를 벗어나는 것은 매우 불편하기도 하고 한편으로는 긴장되고 두렵기도 하다. 하지만 그 불편이나 두려움을 감수하지 않는다면 변화를 바라는 새로운 길을 만들어 갈 수 없다.

　우리가 처음 가는 오지를 탐험하는 여행이라면 설렘도 있지만 예기치 않게 닥치게 될지도 모르는 위험에 대한 불안감이나 두려움도 따르기 마련이다. 아마 대부분 사람이 그럴 것이다. 하지만 우리가 말하고자 하는 것은 꿈과 성장을 막는 두려움이라는 걸림돌에 대한 것이다. 정작 우리가 두려워해야 할 것은 두려움이 아니라 희망을 잃고 사는 인생이 아닐까?

오프라 윈프리는 그의 저서 『위즈덤』에서 "인생에서 바라는 꿈을 이루기 위해서는 용기라는 무기가 필요하다. 용기와 두려움 사이에는 갈등이 있다. 그 갈등의 문제를 피해 가기 위하여 때론 우리는 두려움을 선택한다. 그 갈등의 문제를 피하면 자신이 바라는 삶의 변화로 나아가는 문을 열 수 없는 더 큰 문제로 남게 된다"라고 지적하고 있다. 당신이 현재의 삶을 벗어나지 못한다면 꿈꾸는 미래를 열어갈 다른 대안은 없다. 최상의 선택은 현재의 안전지대라는 무력감에서 벗어나 꿈꾸는 삶을 위한 그 두려움의 변화로 나아가는 것이다. 당신은 분명 인생의 목적이 있고, 이것을 이룰 능력 또한 가지고 있음을 잊지 말길 바란다. 그러니 지금이 용기라는 비장의 무기를 끄집어내어 안전지대라는 허상의 울타리를 넘을 때이다. 두려움에도 그것을 넘는 것이 용기이다. 그러면 당신에게 당신이 바라는 새로운 길, 그 기회의 문이 열릴 것이다.

오랫동안 친분을 유지하고 있는 경영학을 전공한 유망한 후배 교수는 정년 10년을 앞두고 부총장직의 제안에도 불구하고 대학 교수직을 사직했다. 그가 선택한 변화된 삶은 커피숍을 경영하는 것이었다. 그는 가족과 주변의 거센 비난과 우려에도 불구하고 20년 넘게 생활해 온 익숙한 대학이라는 안전지대의 늪에서 벗어나 충북의 작은 마을에서 커피숍을 경영하는 변화된 삶, 그 꿈을 만들어 냈다.

그는 정년 퇴임을 앞둔 많은 동료교수들의 부러움 속에서 커피를 만들고 고객과 커피향기로 공감하고 소통하는 현재의 변화된 시간과 환경에 매우 만족해하고 행복해하고 있다. 꿈과 성장을 위해 두려움과 맞서 새로운 길을 만들어 낸, 그의 선택과 용기에 존경을 보낸다.

두 개의 눈

인생 경험으로 비추어 볼 때, 신은 우리에게 두 개의 마음의 눈을 주신 것 같다. 하나는 가능성을 보는 눈이다. 또 하나는 불가능을 보는 눈이다. 가능성의 눈은 '나다운' 삶에 대한 빛나는 꿈을 보여 준다. 이 마음의 눈은 긍정의 눈으로 그 꿈을 이룰 수 있는 가능한 방법을 찾고 필요한 노력으로 앞으로 나아가게 한다. 반면에 불가능을 보는 눈은 결코 넘을 수 없는 현재의 장애물을 보여 준다. 이렇게 부정적인 마음의 눈으로 보게 된 그 장애물은 너무 크고 웅장하고 거대하다. 그래서 장애물을 걷어낼 방법을 찾아 나서는 것은 헛된 노력일 뿐이며 어리석은 짓으로 포기만이 최선이라고 마음먹게 한다. 그래서 그런 부정적인 마음의 눈을 가진 사람은 결국 불가능의 포로가 되어 현재를 살아갈 뿐이다.

우리 인생에서 진정한 능력은 자신 안에 있는 어둠이 아니라 빛을 보는 것이다. 어둠은 두려움으로 위협적이지만 빛은 가능성이며 희망이다. 그런데 우리가 빛을 보지 않고 어둠만을 바라본다면 현재의 삶을 변화시킬 수 없는 두려움이라는 장벽에 갇힐 것이다. 그래서 우리가 꿈꾸는 삶으로 나아가는 가능성의 문을 열고 희망으로 가는 길, 그 희망을 잃게 될 것이다.

또 다른 이해와 깨달음으로 나아가라

우리는 사회생활을 하면서 만족과 행복, 그리고 감사보다는 불평과 불만의 소리를 더 흔하게 들을 수 있다. 하지만 불행하게도 그 불편한 생활이나 삶을 벗어나기 위하여 새로운 도전에 나서는 사람들은 의외로 적다. 그 이유는 아마 문제해결 의지보다는 그저 습관적인 푸념에 갇혀 새로운 도전을 찾을 엄두를 못내기 때문일 것이다. 반면에 현재의 삶에 감사하고 행복하다고 말하는 사람들 또한 습관적이라는 것이다. 이들이 상반된 인식과 지각이지만 그들이 누리는 삶의 질은 매우 큰 차이가 있다.

소아마비를 앓은 탓으로 불편한 걸음을 옮기는 불평 덩어리 소년은 아버지를 통해 "묘목에 물을 주고 돌보지 않으면 죽어버릴 수밖에 없다"라는 사실을 알게 된 후, 불평보다는 돌봄, 그리고 성장의 방법을 찾았고, 절뚝거리며 걸어야 하는 자신의 불공평한 운명을 더 이상 불평하지 않았다. 그 소년은 미국 역사상 유일한 4선의 대통령 프랭클린 루즈벨트이다.

위의 루즈벨트의 경우에서 보듯이, 인생에서 깨달음의 본질은 현재의 결정 순간 순간에 어떻게 행동해야 했는지에 대한 반성이다. 이러한 반성은 그러한 순간에 대한 행동으로 인한 아쉬움이 현재의 삶을 부인하는 것이 아니라, 더 나은 선택과 행동으로 나아가는 것이다.

제7단계

ATTITU**D**E의 D는 DOING CHANGE & CHALLENGE, 변화와 도전

성공 공식 D=F〈변화, 도전〉

우리 인생에서 최상의 도전은 자신이 목적하는 바를 정하고 그것에 도달하기 위해 스스로 현재의 상태를 바꾸는 변화를 선택할 때이다. 우리의 선택은 꿈과 성장을 위한 기회로 나아가는 것이다. 하지만 이러한 선택에는 또 다른 위기와 위험이 따르기도 한다. 물론 실패할 가능성도 있다. 그렇지만 변화가 가져올 부정적 측면의 파장, 즉 위기나 위험을 바라본다면 바라는 변화를 만들어 낼 다른 대안은 없다. 오직 용기로 바라는 변화를 만들어 내는 도전만이 최상일 뿐이다.

　인생의 변화는 스스로가 만들어 가는 것이다. 상황의 변화를 기다리는 것이 아니라 스스로 그 변화의 주체가 되는 것이다. 이 변화에는 도전으로 시작된다. 이 도전은 성공 공식 '애티튜드 ATTITUDE'로 재무장하여 바라는 변화, 꿈꾸는 삶으로 나아가는 것이다.

성공 공식,
D는 두려움에 직면하는 것이다

만일 변화에 대한 두려움 때문에 바라는 미래로 나서지 못한다면, 변화를 만들어 낼 용기와 희망이라는 대단한 에너지를 두려움이라는 무기력증 안에 가두어 놓는 꼴이 된다. 우리가 두려움에 갇힌다면 바라는 변화된 삶으로 한 발짝도 나아갈 수 없다.

두려움은 본래 성질이 두려움에 대한 두려움으로 새로운 시도, 의지, 그리고 꿈꾸는 미래의 길을 막아버린다. 그러므로 두려움을 이겨내는 유일한 길은 두려움에 직면하여 맞서거나 그 두려움에 대한 인식 자체를 다른 관점으로 전환하는 수밖에 없다.

D는 기회이다

변화에는 항상 위험이 따른다. 만일 우리가 부정적인 것들의 위협에 갇혀 쉽고 편안함을 선택함으로써 더 나은 인생으로 나아가는 변화의 기회를 놓친다면, 자신 의지와 상관없는 외적 환경의 변화로 인해 지금보다 더 큰 지독한 위협에 직면하게 될지도 모른다.

안젤름 그륀(Anselm Grun) 신부가 『하루를 살아도 행복하게』 중에서 "도심 곳곳에 있는 환승센터처럼, 우리 인생에도 갈아탈 기회가 있다. 우리가 현실에만 안주하고 그곳을 그냥 지나쳤을 때는, 그 환승센터는 아무런 의미도 없는 장소가 되지만, 적절한 곳에 내릴 수 있다면 더 손쉽게 목적지를 찾는 기회가 된다"라고 했다. 인생의 환승센터는 꿈과 목적이 있는 삶으로 가는 기회가 그곳에 있다. 우리가 바라는 미래는 새로운 길로 가는 낯선 변화가 만들어 낸다.

D는 용기의 에너지이다

변화는 위기일 수 있다. 하지만 위기에 갇히면 두려움이다. 우리가 인생에서 바라는 변화를 만들어 내기 위해서는 두려움에 맞서는 용기라는 에너지가 필요하다. 톨스토이의 『인생이란 무엇인가』에서 다니엘의 말을 인용하여 "폭풍우에 비로소 항해사의 솜씨가 발휘되고, 싸움터에서 비로소 군인의 용감성을 시험할 수 있듯이, 용기는 인생에서 가장 힘든 순간에 더욱 빛이 난다"라고 적고 있다. 참된 용기는 스스로 변화의 주체가 되는 것이다. 우리는 자신 인생의 주인공이다. 스스로 인생의 영웅이 되어 바라는 변화로 나아가야 한다. 그래야만 바라는 변화가 내 삶이 된다.

D는 변화로 나아가는 것이다
시도하지 않으면 아무 일도 일어나지 않는다

성장을 위한 변화는 고통스럽다. 하지만 정작 우리 인생에서 우리를 고통스럽게 하는 것은 자신이 원치 않는 '지금의 나'라는 그 현재에 갇혀있는 삶을 살아가는 것이 아닐까? 노벨문학상 수상자, 조지 버나드 쇼(George B. Show)는 "실수로 가득 찬 삶일지라도 아무것도 시도하지 않는 삶보다 더 명예롭고 가치 있다"라고 했다. 우리가 바라는 '나다움'의 삶을 위한 도전을 실체가 분명하지 않은 막연한 두려움 때문에 포기한다면, 장래 자신의 비석에 뭐라고 쓰일까! 바나드 쇼의 묘지명처럼 "우물쭈물하다가, 내 그럴 줄 알았지"라고 쓰이길 원하는가?

우리 인생에서 최악의 실패는 시도하지 않아 실패의 경험이 없는 삶이 아닐까? 시도하지 않으면 아무 일도 일어나지 않지만, 바라는 삶으로의 변화 기회를 놓친 탓으로 미래에도 후회스러운 인생이 이어질 수 있음을 꼭 기억해 두어야 한다.

성공은 도전이 아니라 변화이며, 변화는 마음의 선택이다

우리가 변화를 두려워하지만 우리는 끊임없이 크고 작은 변화를 경험하고 있다. 어제의 세상과 오늘의 세상이 다르듯이 변화를 겪지 않고 자신이 바라는 더 나은 성장과 바라는 상태로 나아가기는 도무지 불가능하다.

이스라엘과 요르단 사이에 위치한 사해는 지구상에서 가장 신비로운 것 중 하나다. 높은 미네랄 함유로 아무리 무거운 것이라도 물 위에서 둥둥 뜰 수 있다. 하지만 이스라엘 요단강에서 물이 유입되는 사해는 물이 빠져나갈 통로가 없다. 그래서 처음 유입될 때만 해도 신선했던 물이 고인 상태에서 서서히 썩어간다. 보기에는 아름답지만 사해의 물은 썩어있고 마실 수도 없다. 흐르는 물이 썩지 않듯이 현재의 삶보다는 더 나은 성공적인 삶을 바라는 사람이라면 더욱 변화와 직면하지 않으면 안 된다. 우리가 현재라는 삶의 방식이나 환경을 벗어나는 유일한 방법은 고된 노력, 힘겨운 선택과 결단을 통해 현재의 삶을 벗어나는 값을 지불하여 사는 것이다. 그래서 성공은 도전이 아니라 변화하는 것이라 말을 하기도 한다.

앞서 언급했듯이 변화는 언제나 필요하지만 언제나 쉽지 않다. 때론 우리는 그 어떤 변화로 현재의 상태가 위협받을 때, 먼저 현재의 상태를 위축시켜 낮추어 완충공간을 만들어 그 위협을 줄이는 노력을 시작한다. 비록 그 위축이 외적으로는 조용하게 이루어지는 것 같으나 내적으로는 혼란스럽고 공허하다. 돌이켜 보면, 나 역시도 오랫동안 그렇게 했던 것 같다. '아빠! 또 10만 원짜리야!'라는 별명이 삶의 위기의 순간에 그렇게 선택했고 별명으로 익숙해져 갔다. 하지만 삶은 항상 우리에게 무언가를 말하고 있다. 우리가 변화에 따른 두려움을 피해 다니면, 새로운 삶을 찾을 기회와 성공 기회를 가져다주는 행운도 우리를 피해 다닐 것이라고 경고한다. 우리가 늘 그러하듯 '오늘만 잘 견디면 내일은 좋아지겠지'라는 우연을 기대하면서 그전과 같은 행동을 반복한다면, 결국 우리에게 다가올 내일도 오늘과 다를 바가 없을 것이다.

그리스 신화에 '시지프스'라는 인물은 신을 기만한 죄로 '쇠똥구리 형벌'을 받았다. 이 형벌은 산꼭대기에 커다란 돌을 세우는 일이다. 하지만 이 돌을 산 정상에 올려놓으면 저절로 다시 굴러떨어지도록 설계되어 있다. 그는 평생 동안 돌을 산 정상에 올리는 일을 하게 될 것이다. 이렇게 끝도 없이 고통스럽게 반복되는 인생을 비약일지라도 시지프스의 형벌에 비유하곤 한다. 만일 우리의 인생이 두려움에 갇혀 더 나은 삶, 원하는 삶을 위한 변화와 도전의 삶이 아니라면, 미래는 고단한 인생이 반복될 수밖에 없지 않을까?

"봄이 변화의 시작을 알리고, 우리는 기꺼이 그 변화를 받아들이고, 일하기 시작한다. 우리 마음속에서도 변화와 성장의 잠재력을 발휘하라고 한다. 우리는 알고 있다. 우리가 새로운 것을 받아들일 준비가 되어 있는 한, 삶은 우리에게 수많은 이로움을 가져다주리라는 것을."

『영혼의 정원』 저자 스태니슬라우스 케네디(Stanislaus Kennedy) 수녀가 한 말이다.

우리가 꿈꾸고 바라보는 세상은 미래에 있다

인간은 기본적으로 과거 경험에 따라 밀려가기보다는 미래를 향해 나아가는 존재이다. 분석심리학의 선구자 융(C. Jung)은 "인간은 과거의 원인 즉 '~ 때문에(because of)' 행동하는 것이 아니라 미래의 목적, 즉 '~을 위해서(for the sake of)' 행동하는 존재"라고 했다. 우리가 꿈꾸고 바라보는 세상은 미래에 있다. 그 미래로 나아가는 용기와 도전 정신이 더 나은 미래, 바라는 변화를 이끈다.

우리가 변화에 대한 두려움이라는 부정적 생각에 갇혀 꿈꾸는 미래로 발을 옮기지 못한다면, 아마 우리가 인생에서 범하는 가장 큰 실수로 남을 것이다. 미국의 대통령을 역임한 루즈벨트 대통령이 임종을 맞기 전, "내일을 막고, 목표를 실현하지 못하도록 가로막는 유일한 장애물은 바로 오늘의 두려움이다. 긍정적이고 굳은 믿음으로 모든 두려움을 이겨내라"라고 말했다. 우리 앞에 열려있는 내일과 꿈꾸는 변화를 향한 마음의 문으로 들어가기를 주저하지 마라. 그리하면 전에 볼 수 없었던 당신이 바라는 길이 보일 것이다. 어느 날 용기가 행동할 때 두려움을 대신할 것이다.

우리가 사는 세상은 변화들로 가득 차 있다. 그러나 인간은 세상에서 가장 변화에 대한 적응력이 뛰어난 위대한 존재이다. 그렇기에 우리의 정신과 육체는 변화에 잘 적응하도록 설계되어 있다. 또한 우리가 무언가를 간절하게 원하는 것이 있을 때 그것을 추구하는 재능도 가지고 있다. 마찬가지로 도중에 시련이나 절망적인 상황을 맞더라도 그것을 극복할 줄도 안다. 우리는 변화할 수 있다. 그러니 스스로 변화할 수 없다고 버티지 마라!

인생의 변화는 자신이 바라는 삶에 대한 명확한 꿈과 목표에서부터 시작된다. 간절히 원하는 꿈이 있다면 현재의 나를 벗는 변화로 나아가야만 그 변화에 대한 보상이 자신의 것이 될 수 있다. 마음만 먹으면 우리는 할 수 있다. 가능성은 얼마든지 열려있다.

소설가 찰스 디킨스(Charles Dickens)는 "인생에서 가장 중요한 것은 '그렇기만 하다면 얼마나 좋을까(I wish)'라는 말을 그만하고, '하겠다(I will)'라고 말하기 시작하는 것이다"라고 했다. 그의 말처럼 우리 인생에서 최악의 선택은 놓친 기회가 아니라 아무것도 시도하지 않는 것이다. 우리가 바라는 것은 스스로가 변화의 주체가 되어 원하는 변화를 이끄는 사람이 되는 것이 아닐까 한다.

변화는 희망이다

　인생에서 삶의 목적을 부여하고 변화를 추구하는 것은 자신이 바라는 삶에 도달하고자 하는 의지와 희망을 품는 것이다. 그 의지와 희망은 자신이 바라는 인생을 만들어 가는 변화의 토대가 되며, 그 변화를 이끄는 기적적인 힘이다.

　"희망은 깨어있는 사람의 꿈이다"라고 철학자 아리스토텔레스가 말했듯이, 자기만족에 갇혀 있는 사람에게는 미래에 대한 희망은 굳게 닫혀 있는 문이지만, 깨어있는 사람에게는 활짝 열려 있는 가능성의 문이다. 꿈은 성공으로 나아가게 하는 가장 강력한 이유이다. 그러기에 우리가 변화의 문을 열고 가능성으로 나아갈 때 바라는 미래를 맞이할 기회가 되며 그 변화는 희망이다.

　희망의 본질은 절망적 상황 속에서 더욱 빛나는 등불이 되어 꿈꾸는 미래로 나아가게 하는 강력한 에너지이다. 희망은 역경을 이겨내는 강력한 성공 의지를 담고 있다. 우리는 희망을 통해 더 나은 미래를 창조하고, 더 나은 내가 더욱 빛나도록 노력한다. 이 희망이 우리가 바라는 성공적인 미래의 삶이며, 그것이 우리가 지금 변화해야 하는 이유이다.

우리에게 희망이 있다.

우리가 인생에서 희망을 품는 결정적 이유 중에 또 하나는 우리가 환경을 바꿀 수는 없을지라도 자신을 바꿀 수 있다는 것이다. 다시 말해 자신을 바꿈으로써 현재에 머물러 있는 자신의 상태를 바꿀 수 있다는 것이다. 성공한 사람들은 "희망찬 미래, 곧 성공으로 가는 길을 가로막는 것은, 현실적인 상황이나 환경적인 외적 요소라기보다는 스스로 만들어 내면에 간직해 둔, 왜곡의 울타리(불신, 망설임, 두려움, 무책임성)"라고 말했다. 그러기에 그 불신, 망설임, 두려움 그리고 무책임한 울타리 밖으로 스스로 걸어 나오지 않는다면 결단코 바라는 변화, 그 미래로 나아갈 수 없을 것이다.

잠시 멈추고 어린아이 시절을 생각해 보아라! 누군가 "너의 꿈이 뭐지?" 하고 물으면, 그들은 거의 서슴없이 이야기한다. 10살짜리 외손녀는 "돈 많은 백수가 되는 거예요"라고 당차게 말한다. 나도 그랬던 것 같다. 내 꿈은 '장군'이 되는 거라고. 아마도 초등학교까지는 그 꿈을 간직했던 것 같다. 별을 단 군복 입은 모습이 너무 멋있어 보였다. 그러면 이제는 당신이 바라는 성공적인 삶을 상상해 보시기 바란다. 그리고 용기 내어 스스로 만든 울타리 너머로 나갈 수 있다고 격려해 보길 바란다. 그 두려움의 울타리는 그렇게 단단하지도 높지도 않을지 모른다. 현재의 나에 머물러 있는 사람이든 자신이 바라는 변화로 나아가는 사람이이라도 불안하기는 마찬가지다. 그러니 마음을 가다듬고 힘껏 용기를 내면 그동안 자신을 가두어 놓은 울타리를 쉽게 넘을 수 있을 것이다. 모두에게 그러하듯 우리에게는 자신만의 멋진 길이 있다. 그 길을 만들어 가는 개척자가 되어야 한다. 그것이 우리가 꿈꾸는 인생이다.

변화와 결단의 때가 있다

만물의 소생이 계절의 순환 과정, 봄의 뒤를 이어 여름, 가을 그리고 겨울이 오듯이 우리 인생도 끊임없이 크고 작은 변화의 과정에 있다. 그런데 계절의 변화는 만물의 생존을 위한 필연적인 과정이지만, 그 계절은 결코 지난 과거와 똑같은 모습으로 오지 않는다는 사실이다. 우리의 인생이 같은 강물에 두 번 들어갈 수 없듯이 우리가 보낸 오늘은 두 번 다시 오늘이 될 수 없다.

우리 인생도 끊임없는 변화의 과정에서 자신의 정체성을 찾아가야 한다. 목적 없이 사는 삶은 성장과 성숙을 포기하는 것과 같다. 우리는 지금보다 더 나은 성장을 위한 변화를 준비하고 도전해야 한다. 만일 '현실의 나'와 '되고 싶은 나'가 충돌한다면 변화를 선택해야 하는 신호이다. 그 신호가 우리가 변화를 통해 성취

해야 할 인생의 사명 혹은 보상이기도 할 것이다. 혹 완벽한 결정을 기대한다면, 그것은 헛된 망상일 뿐이다. 인생은 우리가 열지 않은 미지의 세상이기 때문이다.

하지만 변화는 지금껏 늘 해왔던 생각과 방식을 거부한다. 그 이유는 과거에 해 왔던 생각과 방식으로 그 변화에 접근한다면 같은 결과를 얻을 수밖에 없기 때문이다. 인생에서의 변화와 도전은 다른 관점에서 생각하고, 새로운 방식이나 방법으로 행동할 것을 요구한다. 그것은 기존에 자신과 세상을 바라보았던 부정적인 인식의 틀을 벗고 새롭게 구조화된 에티튜드ATTITUDE 방식으로 나아갈 때 가능하다. 예컨대, "어떻게 하지?"가 아니라, "어떻게 하면 되지?"로 생각을 전환하는 것이다. 이러한 의식의 변화가 우리가 바라는 행동을 이끌어 낼 수 있을 것이다.

우리는 모두가 예측 가능한 삶을 원한다. 하지만 변화는 언제나 있어 왔고 항상 가능하다. 우리가 미래에도 지금과 같은 결과에 머물러 있고 싶지 않다면, '애티튜드'로 재무장하여 바라는 변화로 힘껏 나아가야 할 것이다. 그러면 반드시 찬란한 미래를 보게 될 것이다.

돌이켜 보면, 나 역시도 결단과 변화의 때를 만났다. 지금과 같은 생활방식이라면, 결코 내가 되고 싶은 나의 삶을 위한 꿈을 실현할 수 없을 것이라는 사실 앞에, 나는 현재의 일상과 그 생활방식을 포기하고 새로운 변화의 길을 선택할 수 있었다. 내가 아는 모든 사람이 "아니오"라고 말할 때, 나는 "할 수 있어, 반드시 해 낼 거야!"라는 굳은 열망으로 새로운 삶을 위한 희망찬 광야로 나설 수 있었다.

희망으로 가는 광야에서 힘겨울 때마다 늘 간절하게 기도했다. "광야와 메마른 땅이 기뻐하며 사막이 백합화같이 피워 즐거워하며" 성경의 이사야(35:1) 말씀을 상기하며, 하나님의 축복으로 굳세어져 광야를 넘어 향기 나는 꿈같은 인생을 맞게 되리라 희망했다. 인생은 부메랑과 같아서 포기하지 않은 대가로 바라는 인생의 변화를 이루어 냈다. 그 결과 전과는 다른 인생, 즉 되고 싶은 내가 되는 삶을 이루어 낸 즐겁고 의미 있는 적극적인 삶을 살아가고 있다. 인생에서 하나의 단막, 광야의 여정을 잘 끝낼 수 있어 참으로 감사하다.

두려움은 행동을 시작할 때
그 힘을 잃어버린다

  우리가 새로운 길을 나설 때 가장 큰 장벽은 이성적 판단에 앞서 감각적으로 느끼고 무의식으로 반응하는 '실패에 대한 두려움이라는 감정 혹은 정서'이다.

  우리의 기억과 인지적 정서는 본래 부정적인 사인이나 정보에 더욱 민감하게 작용한다. 낯선 곳을 여행할 때, 알지 못하는 주변적 신호나 상황을 더욱 부정적으로 해석하여 이에 대처하는 자세를 취하듯이, 우리는 긍정적인 신호보다는 실패할지도 모른다는 부정적인 것들에 더욱 민감하게 작용하면서 위협에 대처하는 데 더욱 익숙하다. 아마도 이러한 경향성은 우리가 부정적인 정보에 더욱 민감하고 어떤 상황이나 사안을 부정적으로 해석할 때 더 유리하다는 부정적인 편향성에 익숙해진 탓이다.

  우리의 인지적 구조(인식의 틀)는 현실에서 쏟아지는 상황이나 정보들에 대하여 그것을 해석하고 의미를 부여한다. 더욱이 경험적 과정을 통해 발생하는 비관적 사고는 미래에 대한 불안감이라는 부정적 시각을 더욱 강화한다. 만일 꿈과 미래, 새로운 길, 그리고 변화 등과 같은 정보에 대하여 부여하는 의미가 부정적이라면, 두려움이라는 감정이 더욱 증폭되어 자연스럽게 자신의 선택과 행동을 제한하여 부정의 울타리가 더욱 견고하게 만들어질 것이다.

하지만 우리에게는 두려움을 극복하는 방법이 있다. 두려움은 외부에서 오는 것이라기보다는 우리 자신의 마음속에서 생겨나는 것이다. 그러기에 두려움에 맞설 힘도 우리 마음에 있다. 따라서 우리가 두려움에 의미를 부여하기보다는 그것에 직접 맞서 직면하는 용기 속에서 두려움은 지극히 작아지고 그 힘을 잃어버리게 될 것이다.

매번 40여 명이 참여하는 수업 시간마다 맨 앞자리와 뒷자리가 대부분 비어 있다. 왜, 그럴까? 상담해 본 결과, '혹 앞자리에 앉으면 교수님 질문에 대답을 잘못하게 될까 봐 혹은 뒷자리에 앉는 것이 마음이 편해서'라는 이유가 대부분이다. 그런데 학생들이 놓치고 있는 것이 있다. 그것은 앞자리에서 수업 참여의 긍정적인 효과이다. 그 효과는 학생이 수업에 더 집중하게 될 뿐만 아니라, 교수가 성적 평가에서 학생의 수업 태도와 이름을 자연스럽게 또는 의도적으로 기억함에 따라 수업 태도 점수(20%)와 앞자리 학생과의 심리적 교감이 플러스적 요인으로 작용한다는 것이다. 만일 독자 중에 이러한 상황이라면 그냥 앞자리에 앉아보면 된다. 아무 일도 일어나지 않는다. 수업 사례에서 보듯이 여기에서 직면의 본질은 앞자리에 앉는 능동적인 행동을 담고 있다. 결과적으로 두려움과 직접 맞서 변화를 추구하는 행동을 한다면 그 두려움이 가려질 것이다.

또 다른 방법은 자기와 대면하는 것이다. 자기 대면은 자기 직면(self-confrontation)으로 자기 자신 안에 머물러 있는 두려움의 실체에 대하여 있는 그대로 바라보는 것이다. 우리가 생각을 바꾸면 많은 것이 달라질 것이다. 예컨대, 작가 정호승의 말처럼 "소나기는 반드시 그치기 때문에 소나기이다. 소나기라는 변화가 무지개를 보게 되는 기회"를 만들어 낸 것이다. 이처럼 자신 인생에 겪는 소나기를 어떻게 인식하느냐에 따라 두려움이라는 불안감으로 남겨둘 것인가 아니면 그것에서 자유스러워지거나 하는 것은 자신이 선택한 의미에 따라 달라질 것이다.

오프라 윈프리가 "두려움은 인식의 일부일 뿐이다"라고 한 말과 같이, 모든 것이 인식의 문제다. 우리가 내 안에 있는 두려움과 갈등에 대한 그 왜곡된 인식을 넘어설 때 비로소 진정한 자신을 발견할 수 있고 변화의 새로운 길로 나아갈 수 있다.

이른 17살부터 시작한 헤어디자이너 김나윤은 27살에 사고로 왼팔을 잃어 장애인이 되었다. 미래에 대한 두려움과 장애에 따른 갖가지 부정적인 생각이 끊임없이 피어났지만, 오른팔이 있음에 감사했고 생존했음에 감사했다. 그리고 그는 2021년 WBC 피트니스 세계대회에 도전하여 장애인 최초로 4관왕을 달성했다. 그가 자신의 인생을 긍정적인 관점에서 새로운 의미를 부여했기 때문이다. 그는 지금, 헤어디자이너에서 작가, 피트니스 모델, 운동선수, 유튜버, 강연자 등의 새로운 인생을 살고 있다. 그에게 새로운 기회들은 긍정하는 용기와 희망이라는 새로운 관점을 선물로 얻었기에 가능했다.

변화의 과정에서 장애물을 만나 두려움이 싹을 틀 때마다 다음과 같은 말을 기억하길 바란다. 두려움은 마음의 감옥이다. 용기는 그 감옥의 문을 여는 열쇠이다. "두려움은 멈추게 하지만 용기는 시작하게 한다. 용기란 두려움을 느끼면서도 나아가는 것이다. 용기는 행동하는 능력이다. 두려움은 행동을 시작할 때 멈춘다."

성공한 자들은 불안한 현실 대신에 기꺼이 용기 내어 두려움의 광야로 나아가 새로운 길을 만들어 냈다. 만일 가고 싶은 여행지가 있는데 여행에서 만날지도 모르는 위험이 두려워 시도하지 않는다면, 그 여행지는 언제나 생각의 지도 위에 머물러 있을 수밖에 없다. 마찬가지로 소중한 꿈이 혹시 여행지에서 만날 위험 때문에 멈추어 있다면, 그것을 바라는 성공이라는 기쁨이 얼마나 아쉽고 안타까울까요. 지금 자신의 소중한 꿈을 용기라는 힘을 발판 삼아 밖으로 내어 꿈으로 가는 여행을 시도해 보면 어떨까요? 반딧불이 날갯짓할 때만 비로소 빛을 발하는 것과 마찬가지로, 변화로 나아가는 행동만이 두려움을 극복하는 최선의 방법이다.

변화, 그 멋진 선택

우리는 누구이든 지금보다 더 나은 삶을 원한다. 그런데 우리는 더 나은 삶을 살 수 있고 또 그렇게 해야 한다. 우리가 현재의 삶을 비판하는 것은 더 좋은 삶을 열어 가기 위해서이다. 그래서 우리는 현재보다 더 나은 삶을 살아갈 수 있다는 것을 믿으면서, 더 나아갈 수 있도록 변화된 행동을 해야 한다. 하지만 그러한 변화를 이끌어 내지 못하는 이유는 뭘까? 이 문제에 대해 펜실베니아대학교 와튼 스쿨의 경제학교수 케이크 밀크먼(K. Milkman)은 "우리에게는 마음의 장벽이 있다. 그중에서도 가장 큰 장벽은 '현상 유지 편향'이다."라고 설명했다. 이러한 자신이 아는 길로만 가려는 경향은 그 길에서 조금만 벗어나도 위협이 느껴진다. 그래서 위협을 견디기 힘든 나머지 더 좋은 것을 누릴 수 있는데도 익숙하다는 이유만으로 원래의 길을 고수하기 때문이라고 했다. 또한 이전에 실패했던 경험들이 불안감을 더욱 키운 탓이기도 할 것이다. 나 역시도 과거에는 그와 같았던 것 같다.

문제는 어떤 이유에서건 자신이 바라고 원하는 삶을 위해서 현재의 삶에 대한 태도와 방식에 대한 변화를 만들어 낼 그 강력하고 간절한 동기가 무엇인가일 것이다. 그것은 진정으로 자신이 바라고 원하는 성공적인 삶, 다시 말해 '되고자 하는 내가 되어 원하는 삶을 사는 것'이 아니겠는가? 그것만큼 우리를 가슴 뛰게 하는 아름답고 강력한 동기가 어디 있겠는가?

만일 당신에게 이러한 동기가 있다면, 그 꿈을 위해 어제와 다른 오늘의 열쇠로 그 문을 열어야 한다. 과거를 떠나야 원하는 오늘을 볼 수 있다. 자유롭기 위해서는 스스로가 규정한 두려움이나 불안감의 억압에서 벗어나야 한다. 스스로가 바라는 변화를 이끌어 낼 수 있는 능력이 있다고 믿지 않는 한 새로운 오늘, 미래의 지평을 여는 일은 헛된 망상일 뿐이다. 성공적인 삶을 위한 새로운 변화로 나아갈 때, 기억해야 할 것은 지금 당장은 모든 것을 반드시 다 알 필요가 없다. 만일 완벽하게 준비된 첫걸음을 시작하려 한다면, 그것은 달리 말해 아무것도 시도하지 않겠다는 다짐과 다름이 없다고 할 것이다. 당장은 첫걸음을 옮기는 것이 중요하다.

당신에게는 자신을 성공적으로 변화토록 하는 데 필요로 하는 충분한 유전자가 존재한다. 인생에서 자신이 꿈꾸는 '나다움'의 삶으로 그 변화를 결의하고 나아간다면, 당신 내면에 잠재된 성공 공식 '애티튜드ATTITUDE'가 불가능을 가능으로 만드는 놀라운 힘이 되어 바라는 변화를 만들어 낼 것이다. 당신이 공유하고 있는 이 애티튜드의 힘은 너무 강력하여 유전적으로도 어떤 사람과도 차별되지 않는다는 사실이다.

인간은 당신이 생각하는 것보다 훨씬 뛰어난 존재이다. 그러므로 스스로가 '힘들다', '어렵다', '실패하면 어떻게 해'라는 부정적인 내면의 벽을 높여 그곳에 바라는 삶을 가두지 말기 바란다. 그러니 '안 된다'라는 말도 필요할 때가 있으니 아끼길 바란다. 강조하지만 당신에게는 회복하고 무장한 '애티튜드'가 있다. 단지 그동안 바라는 변화, 성공적인 삶이 '자신의 몫은 아니다'라고 부정했기 때문에 그 애티튜드에 관심을 가지지 못했을 뿐이다.

인생은 변화이다. 나다움을 찾아가는 오늘의 선택이 내일의 나를 만든다는 사실을 기억해야 할 것이다. 당신이 바라는 삶을 위한 변화로 나아갈지 아니면 어떤 이유이든 현재에 머물러 있을지 그 선택권은 또한 당신에게 있음을 망각해서는 안 된다. 시도하지 않으면 아무 일도 일어나지 않는다.

당신 자신이 가장 믿을 만한 심판이다.

신이 인간에게 주신 고귀한 선물 중 하나는 '각기 다른 재능'을 주셨다는 것이다. 그 재능은 다른 사람의 삶과 구별되는 '나다움의 삶'이다. 나다움의 삶은 인생이라는 무대에서 주인공이 되는 주체적인 삶의 방식이며 추구하는 가치이다. 꿈을 이룬 성공한 사람들에게 다른 점은 자신이 바라고 원하는 삶이 현실에 있다는 것이다. 이보다 더 행복한 인생이 어디 있을까?

우리가 결의할 것은 다른 사람들이 기대하는 '나'가 아니라 내가 기대하는 '나다움'으로 의연하게 나아가는 것이다. 다른 사람에게서 나의 존재 가치를 찾는다면 나로부터의 나는 점점 멀어져 갈 것이다. 그들 무리 속에는 그들의 시선과 규칙이 있을 뿐 내가 원하는 삶의 목적이나 원칙은 없기 때문이다. 당신 인생에서 자신이 가장 믿을 만한 심판이다. 그렇기에 자기 인생은 스스로가 만들어 내는 것이다. 이제 우리는 갈팡질팡 흔들리는 흔들 다리와 같은 불안전한 현재의 나를 벗고, 되고 싶은 나를 찾는 자신의 길을 위한 첫 걸음을 시작할 때이다. 그 첫걸음이 당신이 바라는 성공의 길에 서게 되는 것이다. 강조하지만 당신의 재능을 자기 밖에서 구하지 말기 바란다. 당신은 스스로 더 나은 삶을 만들어 낼 수 있다.

Review Box

성장 마인드셋과 고정 마인드셋

심리학자 드웩(Carol S. Dweck) 교수는 자신과 자신의 능력에 대해 영향을 미치는 두 가지 기본적인 마음 자세가 있다고 주장하였다. 그것은 성장 마인드셋(growth mindset)과 고정 마인드셋(fixed mindset)이다. 이 두 마음 자세에서 가장 큰 차이는 '시선의 차이'이다. 이 시선의 차이는 본인이나 다른 사람의 능력을 판단하는 것부터 일의 과정에 임하는 태도, 그리고 성공이든 실패든 결과에 대해 보이는 반응까지 광범위하게 영향을 미친다.

그가 주장한 마음 자세에 따른 두 가지 시선의 차이를 비교해 보자.

첫째는 고정된 마음가짐의 사람은 자신 능력에 대해 언제나 부정적인 평가를 한다. 성공은 노력의 결과가 아니라 타고난 재능의 결과라고 생각하기 때문에 자신 능력에 대한 부정적인 평가로 이어져 실패를 두려워한다. 따라서 당연히 새로운 도전에 대한 필요성을 느끼지 않을 것이며, 실패에 민감하여 지속적인 성장을 포기하는 경향을 보인다. 반면에 성장적 마음가짐을 가진 사람은 실패하더라도 노력을 통해 개선될 수 있으며, 성장과 배움을 통해 능력이 변화할 수 있다고 생각한다. 그러므로 새로운 일에 직면하고 더 끈질기게 매달리며 앞으로 나아간다. 설혹 도전 과정에서 힘든 상황을 만나게 되더라도, 그들은 성공을 위해 더 나은 노력할 방법을 찾는 과정을 통해 발전해 나간다.

철강 사업으로 16년째, 케이제이스틸㈜를 경영하고 있는 정현수 대표는 말한다. "잘못되면, 다시 하면 돼요!" 참 단순한 말이지만, 그 말에 함축된 말의 의미, 즉 '실패하더라도 노력하기를 멈추지 않겠다'는 그의 경영 철학이 담겨 있기에 경영컨설턴트로서 믿음이 간다. 그는 매년 새로운 시작점이라는 결의를 담아 기념식을 한다. 그 이유를 묻는 질문에 그는 "현재 회사가 놓인 상황을 이해하고 늘 새롭게 시작한다는 각오를 모두가 공유하기 위해서"라고 답변한다. 사업도 인생과 같아 결코 한 곳에 고정되어 조용히 시들어 가는 것이 아니라 매 순간 변화에 대응하여 옛것에서 벗어나야 앞으로 나아갈 수 있다. 이어지는 인터뷰에서 공동체와 자신 성장의 비결이 무엇인가에 대해서 정현수 대표는 "받는 삶이 아니라 주는 삶"이라고 한다. 베풂의 선은 신의로 되돌아오게 된다는 신념이 바탕에 있다. 다른 관점에서 보면, 이러한 마음가짐은 성장 마인드셋의 핵심적 태도가 아닌가 생각된다. 그는 삶과 사업을 통해 많은 역경을 겪었기에 57세가 되어 대학원에 입학하여 경영학도가 될 만큼 배움에도 게을리하지 않는 겸손한 사람이다. 그는 성장 마인드셋으로 많은 사람에게 성공한 사업가이며 참된 부자로 기억될 것이다.

둘째, 결과를 바라보는 시선에도 큰 차이가 있다. 고정된 마음가짐의 사람은 도전적 과제(꿈, 목표)가 원하는 만큼 이루지 못했을 때, 실패자의 삶으로 치부한다. 하지만 성장적 마음가짐의 사람은 비록 원하는 만큼의 성과를 이루지 못했다 할지라도 성공을 위해 노력하는 과정에서 배웠으며 그만큼의 성장도 이루었으니 그 과정을 동력 삼아 변화된 모습으로 자신을 계속 발전시키며 살아간다.

성공학의 대가이며 미국 대통령 고문관과 홍보 담당 비서관을 지낸, 나폴레온 힐이 성공 비결에 대한 연구에서 "성장하는 삶을 사는 사람의 가장 큰 공통점은 실패를 받아들이는 마음 자세에 있었다"라고 밝혔다. 즉 성장하는 사람은 일이 실패했을 때, 그것을 확장하여 일생의 실패로 여기지 않았고 오히려 성공의 신호로 받아들이면서 꿈을 향해 더욱 힘차게 나아가는 생활 태도였기에 가능했다.

결과적으로, 성공은 어떤 마음가짐을 가졌느냐에 따라 달라진다. 그러한 태도는 오직 자신에게 달려 있다. 한 번도 실패하지 않는 사람이 될 것인가? 아니면 한 번도 포기하지 않는 사람이 될 것인가? 그 무엇을 선택하든 우리는 자신의 마음가짐에 따라 그 결과를 보게 될 것이다.

안전지대를 벗어나자

　세상은 무엇이든 변화한다. 어떤 책에서는 "변화할 것인가 아니면 죽을 것인가?(Change or Die?)"라고 묻고 있다. 앞서 언급한 그리스 신화의 시지포스의 삶처럼, 우리 인생에서도 변화하지 않으면 힘든 삶이 늘 같은 현실이 되는 인생이 될지도 모른다. 어차피 내일은 오늘과 다르듯 변화는 필연적이다.
　인생에서 변화의 본질은 그동안 익숙해져 편안한 상태에서 벗어나 익숙하지 않아 불확실한 그 무엇인가로 바뀐다는 것이다. 여기에서 여러 가지 위험이 따른다. 변화는 단시간에 일어나는 것도 있지만 인생이라는 긴 여정에서 볼 때 여러 해 걸친 긴 시간을 통해 일어나기도 한다.
　나비의 변태 과정을 통해 인생의 변화를 되돌아보면, 나비는 알에서 애벌레를 거쳐 번데기로 그들 감싸고 있는 껍데기를 탈피하여 나비로 변신하는 과정을 겪는다. 아름다운 날개와 빛나는 색채를 가진 성충 나비가 되어 찬란한 날개를 펼치기까지 감수해야 하는 고통은 상상을 초월한다. 자신을 보호해 주는 것과 동시에 또한 구속했던 번데기의 허물을 벗는 과정은 매우 고통스럽다. 하지만 번데기에서 나올 때 들이는 노력과 고통은 날개를 튼튼하게 단련시키기 위한 필수 과정이다. 나비가 그 고통의 과정을 겪어야만 유기체 기능이 날개 끝까지 전달되어 비로소 날 수 있게 된다. 만일 그 과정을 누군가 도와준다면, 번데기에서 쉽게 나올 수는 있겠지만 탄생의 고통을 겪어 보지 못한 날개는 혼자 날 수 있을 만큼 강해지지 못한다는 사실이다. 이러한 노력과 고통은 나비의 생체 조직을 성숙하게 만드는 또 하나의 과정이라는 점이다.

　우리의 삶도 이와 다를 바 없다. 변화의 순간, 우리는 힘겨운 결단이 필요하다는 사실을 깨달아야 한다. 바라는 변화를 소망하면서도 다가올 변화를 두려워하며 현재에 안주하려는 마음이 들기도 할 것이다. 하지만 우리가 새로움에 적응하려면 옛것을 내려놓아야 한다. 이미 익숙해진 과거에 안주하고자 하는 욕구는 우리가 새로운 쟁취로 이끄는 힘과 동일하다고 한다. 자신을 덮고 있는 현실의 고리를 깨뜨려야 하는 존재는 오직 자신뿐이라는 사실을 알아야 한다. 그런데 보통 우리는 결정을 내려야 할 순간에 나와 다른 길을 가는 다른 사람들에게 의지하려고 한다. 그것은 참으로 어리석은 일이다.

　나비로 변신하는 고통스러운 산고의 과정에서 우리가 놓쳐서는 안 될 것이 있다. 그것은 나비가 되어 어디로 날아갈 것인지에 대한 결단을 해야 한다는 것이 그것이다. 어떤 변화를 취하기 전에, 우리 앞에 펼쳐질 새로운 미래, 그곳을 바라보며 그것을 상상해야 한다. 그 상상이 바라는 미래에 대한 확신으로 확장될 때, 자기암시와 통찰력이 발휘되며 새롭게 맞이할 국면을 더욱 발전시킬 수 있다.

그런데 나비가 더 높게 비상하고자 할 때, 또 다른 장벽에 직면하게 될 수도 있다는 것이다. 마음으로는 더 높이 날아오르고 싶은 열망으로 가득 차 있지만 실제로는 그렇게 하지 못하게 된다. 문제가 무엇일까? 그 해답을 찾아야 하는 과제를 안게 된다. 새롭게 시작된 변화, 그 삶은 이전 삶과 관련된 많은 것들을 떨쳐 버려야 한다. 하지만 아직도 애벌레 시절에 기어 다니던 다리들이 아직도 땅에 질질 끌리고 있다. 다시 말해 그동안 익숙해져 왔던 그 익숙함의 무게가 더 높이 날고자 하는 당신을 방해하고 있다는 것이다.

루이스 레이(L. Hey)가 그의 저서에서 말했듯이, "우리 안에는 이처럼 오래된 고집스러운 부분이 있다. 그 부분 이 꿈을 찾아 더 큰 변화의 길로 나설 때, 그런 고집이 겉으로 드러나서 생각과 행동을 바꾸는 데 강한 저항을 한다." 그 저항으로 우리가 주저하고 움츠리게 된다. 하지만 변화로 더 높고 멀리 비상하려면 결심해야 한다. 그동안 변화를 막은 그 고집스러운 부분, 즉 묵은 생각의 패턴을 내려놓아야 할 때이다. 그 오래 묵은 생각의 굴레를 벗어내지 못하면, 내가 바라는 더 높은 비상의 꿈은 더 이상 앞으로 높이 날아가지 못하고 멈출 것이다.

제8단계

ATTITUD**E**의
E는 E<small>NDLESS</small> E<small>FFORT</small>,
끈질긴 노력

성공 공식 E=F〈열정, 끈기, 노력〉

성공은 오직, 열정과 끈질긴 노력이라는 자양분에 의해 성장하고 꽃을 피운다. 결과적으로 성공은 언제나 노력의 대가이다. 간절히 원하는 꿈이 있고 그 꿈에 열정과 끈기가 더해진다면, 그 어떤 것도 성공으로 가는 길을 막을 수 없을 것이다. 이런 의미에서 성공 공식 E는 열정, 끈기, 그리고 노력으로 완성된다. 이들 요소가 서로 넘나들며 조화를 이루어 성공 공식 애티튜드ATTITUDE의 마지막 과정을 이끌게 될 것이다.

　인생의 열매는 심은 대로 거두는 것이다. 비록 결실이 실망스러울지라도 성공을 향한 여정에서 최고의 연료는 열정이다. 열정은 역경 속에서 더욱 빛나며, 노력은 실패조차도 성공으로 변화시킨다. 그리고 용기와 희망으로 만들어 내는 노력은 성공을 이끄는 가장 강력한 힘이다.

E는 열정이다
세상에 절대로 공짜는 없다

열정이란 어떤 일에 대한 열렬한 마음을 가지는 것으로 목표와 꿈에 대한 열망과 끈질긴 노력을 의미한다. "위대한 것 치고 열정 없이 이루어진 것은 없다"라는 시인이자 사상가 에머슨(R. W. Emerson)의 말과 같이, 탁월한 성취를 이룬 사람들의 공통점 중 하나는 그들이 남다른 열정을 지녔다는 점이다. 그들은 자신이 추구하는 목표를 위해서 열정적으로 전력을 다했다. 오직 열정이라는 연료를 태워 기적적인 성공을 만들어 낸 것이다. 성공은 어떤 경우에도 열정을 잃지 않은 대가로 주어지는 보상이다.

E는 끈기이다
세상에 절대로 공짜는 없다

인생에서 목적하는 바를 성취하기 위해서 지속적인 노력을 기울이도록 하는 심리적 힘은 끈기이다. 끈기란 목표하는 바를 위해서 무엇인가를 하겠다는 결심을 실천하는 행위이다. 그러기에 끈기는 성취의 필수적 조건으로서 목표를 향해서 꾸준히 노력하는 근면성과 더불어 난관과 좌절을 이겨내는 용기와 인내력을 포함한다. 모든 사회에서 4전 5기와 백절불굴의 노력과 의지를 강조하는 이유가 여기에 있다. 끈기는 성공으로 가는 마지막 동반자다. 그 끈기는 여러 가지 난관과 좌절에도 불구하고 끝내는 목표에 도달하게 하는 마음가짐의 위대한 힘이다.

잭 캔필드(J. Canfield)는 그의 책에서 "인생은 오르막이 있으면 내리막이 있는 것, 그 길 위에서 내가 해야 할 일은 넘어질 때마다 다시 일어나는 것"이라고 했다. 인생이란 먼 길에서 위기, 난관, 시련을 피할 수는 없지만, 이 또한 언젠가는 이 또한 지나간다는 마음가짐으로 끈질기게 노력한 사람에게 주어지는 선물이다.

E는 노력이다
성공은 언제나 노력이다

세상에 절대로 공짜는 없다.

노벨문학상 수상자로 선정되었으나 거절했던 실존주의 철학자 장 폴 사르트르(J-Paul Sartre)가 『실존주의는 휴머니즘이다』에서 "인생은 B(Birth)와 D(Death) 사이의 C(Choice)"라고 말했다. 인생도 또한 선택의 연속 선상에 있다. 성서의 씨 뿌리는 비유처럼 가시덤불에 뿌린 씨앗이나 길가에 뿌린 씨앗이 결코 잘 자랄 수 없을 것이다. 좋은 결실을 얻기 위해서는 분명한 꿈과 목표라는 옥토에 씨를 뿌리고, 이를 잘 가꾸는 노력만이 최선이다. 노력은 언제나 가능하다. 그래서 성공은 언제나 노력에 달려 있다.

성공은 언제나 끈기와 노력이다

　실패와 좌절은 우리가 성공으로 가는 길목에서 그 모습을 드러낸다. 실패는 하나의 언어일 뿐이다. 그것을 포기로 받아들이기 전까지는 절대 실패가 아니다.
　역경의 다음 길목은 성공이다. 그것이 인생 공식이며 인생의 교훈이다. 당신이 꿈으로 가는 두려운 광야의 여정을 끝내 성공으로 이끌 힘과 능력은 무엇일까? 그것은 오직 끈질긴 노력을 지불하는 것뿐이다.
　성공한 사람과 그렇지 못한 사람의 차이는 재능보다는 에티튜드ATTITUDE의 마지막 과정, 'Endless Effort' 즉 열정과 끈기 있는 노력의 차이인 것이다. 낯설고 먼 광야와 같은 인생의 길에서 우리는 온갖 시련과 예측하기 힘든 어려움, 그리고 두려움과 만나게 될 것이다. 그때 그 광야의 여정을 이겨 낼 최선의 방법은 끈기 있게 자신이 꿈꾸는 그 길을 가는 것일 뿐이다.

우리가 잘 아는 최고의 배우이며 제작자이기도 한 실베스터 스탤론은 태어날 때 의료사고로 언어장애와 안면신경마비로 배우로서는 사형선고나 다름없었지만, 그는 굴하지 않고 끈질긴 노력과 기다림 끝에 할리우드 대표 배우로 자리매김했다. 대학 중퇴 후, 배우로 나섰지만 타고난 두 가지 장애로 인해 근근이 들어오는 엑스트라에 만족하며 나이트클럽의 문지기로 어렵게 생활고를 이겨냈다. 그쯤에 시나리오 작가에 관심을 가지게 되어 독학으로 그 유명한 '록키'라는 시나리오를 완성하였다. 이 시나리오를 들고 여러 영화사를 돌아다녔고, 몇 영화사에서 관심을 보였지만 스탤론이 제시한 "감독과 주연은 자신을 시켜 달라"는 조건 때문에 거절당했다. 그러나 그는 포기하지 않고 영화사를 찾아 나선 끝에 유나이티드 아티스타사가 그의 의견 중에서 주연배우는 수용하되, 감독은 제작사가 결정하는 조건으로 제작하게 되었다.

그렇게 해서 만들어진 〈록키〉는 1976년 개봉해 전 세계적으로 대히트를 하며 그에게 출세의 길을 열어 주었다. 〈록키〉는 아카데미 작품상과 감독상을 수상했다. 스탤론은 남우주연상 후보에 올랐다. 그가 만들어 낸 성공은 오직 열정과 끈기 그리고 노력의 결과물이다.

성공은 후회하지 않은 자의 몫이다

인생에서 그 누구도 실패를 바라지는 않는다. 하지만 인생에서 누구에게나 실패와 시련, 고통은 찾아온다. 우리가 실패와 고통이 없는 삶에서 진정한 깨달음을 얻은 적이 있는가? 이를 부인한다면 인생에서 더 성숙한 인간으로서 성장할 수 없을 것이다. 문제는 실패를 어떤 태도로 대하느냐 하는 것이다. 만일 실패를 오늘의 선택에 대한 그럴듯한 변명으로 삼는다면, 다시는 더 나은 선택을 위한 용기를 낼 수 없을 것이다. 하지만 무거운 역기를 많이 들수록 몸은 더 강하게 단련되듯이, 시련과 실패 그리고 고통 또한 자신의 꿈과 목표에 대한 의지와 믿음을 더 강하게 단련시키는 학습 과정이라고 생각한다면, 더 강력해진 근육으로 새 힘을 얻게 될 것이다.

세계 최초로 사람의 심장이식 수술을 성공시킨 남아프리카 공화국의 심장외과 의사, 크리스티안 바너드(C. Barnard)는 "사람을 고귀하게 하는 것은 고난이 아니라 다시 일어서는 것이다"라고 말했다. 목표를 향해 가는 과정에서 겪게 되는 고난과 고통은 내면의 강인함, 즉 의지와 인내심을 강하게 달구어 내어 고난과 역경이 다시 찾아와도 자신을 꿋꿋하게 지켜주는 힘이 된다. 성서에서도 "고통은 인내를 낳고, 인내는 시련을 이겨내는 끈기를 낳고, 그러한 끈기는 희망을 낳는다"라고 쓰여 있다.

모죽(毛竹)이라는 대나무는 심은 지 5년 동안은 눈에 띄는 변화가 거의 없다. 하지만 5년이 지나면, 하루에 70센티미터씩 자라기 시작해서 6주가 지나면 30미터가 넘는 키의 큰 대나무가 된다. 우리가 원하는 결과를 만들어 가는 과정도 이 모죽의 원리와 다르지 않다.

"절대로 절대로 절대로 포기하지 마라!(Never, never, never give up!)"

전 영국 수상 처칠의 말이다. 만일 우리가 지금보다 더 나은 삶을 꿈꾸고 있거나, 성공하길 간절히 원한다면 "인간은 패배할 때 끝나는 것이 아니라 포기할 때 끝나는 것"이라는 미국 37대 대통령 리처드 닉슨(R. M. Nixon)의 이 말을 기억하길 바란다.

가슴에 심은 꿈은 아무도 뽑을 수 없다. 추운 겨울을 참아내고 나서야 아름다운 꽃이 되듯이 노력하기를 멈추지 않는다면 반드시 성취한다. "할 수 있었는데~"라는 말 만큼 후회스럽고 슬픈 말이 어디 있겠는가. 성공은 후회하지 않은 사람의 몫이다.

성공은 노력이다

"앞으로 가라! 당신의 목적지(꿈 목표)로 당신의 노력만이 그 길을 갈 수 있다." 현존하는 세계 최고의 부자 빌 게이츠의 말이다. 시도하지 않으면 아무 일도 일어나지 않는다. 1루를 밟아야 2루까지 갈 수 있지 않겠는가? "천재란 하늘이 주는 1%의 영감과 그가 흘리는 99%의 땀으로 이루어진다"는 발명왕 에디슨의 말처럼, 성공은 좋은 유전자(재능)에 의해 결정되는 것이 아니라 그가 흘린 노력이라는 땀방울의 결과물이다.

발레리나 강수진은 거의 매일 10시간 넘게 토슈즈를 신고 춤을 추었다. 발레 신발 토슈즈를 한 시즌에 무려 150여 개나 버려야 했다고 한다. 혹독한 훈련 탓으로 발가락 마디마디가 기형적으로 뒤틀리고 상처로 인해 흉터가 흉하게 남을 정도로 긴 세월 동안 열심히 노력한 결과, 1986년 세계 5대 독일 슈투트가르트 발레단의 말석 댄서로 입단한 지 11년이 지나, 발레단의 '수석 발레리나'로 세계적인 발레리나가 되었다. 그런 그를 만든 것은 그가 타고난 천재성이나 재능이 아니라 죽을힘을 다해 노력한 땀의 대가이다. 강수진은 아름다운 발을 포기하는 대가 없이 최고의 발레리나가 될 수 없다는 사실을 깨달은 것이다.

세계적인 발레리나 강수진이 한 것처럼 성공은 부단한 노력, 다시 말해 발레리나의 꿈을 향한 집중된 노력이라는 희생적 대가를 지불한 후에야 찾아온 선물이다.

'희생 없이 성공 없다(no sacrifice, no success)'는 말처럼, 노력은 성공이라는 열매를 거두기 위한 마지막 밑천이다. 그렇다. 성공은 간절함으로 목표를 향해 집중된 노력을 한 사람에게 주어지는 고귀한 인생 열매이다.

광야로 가라

우리는 미래에 지금보다 더 나은 삶, 행복한 삶을 꿈꾼다. 하지만 그것을 위해 실제로 행동을 보이는 사람은 매우 드물다. 그 까닭은 자신이 바라는 변화로 나아가는 선택이 광야의 멀고 험한 길이기 때문이다. 하지만 자신이 바라는 변화, 꿈꾸는 삶을 원한다면 과거의 그늘에서 벗어나 인생의 광야로 나아가야 한다.

그러면 인생의 광야는 어떤 길인가?

인생의 광야는 새로운 길을 만드는 개척의 길이다.

광야는 다듬어지지 않는 길을 스스로 만들어 가는 인생 여정이다. 인생의 광야는 험하고 광활한 곳이다. 그러하기에 정확하고 명확한 꿈이라는 나침판이 없다면 결코 지나갈 수 없는 곳이다. 광야는 여러 가지 난관을 극복해야 하는 시련의 상징이기도 하다. 따라서 꿈으로 가는 광야는 오직 자신을 지키는 자는 자신뿐

임을 일깨우고 성공 공식 애티튜드ATTITUDE와의 동반이 절대적으로 필요하다.

인생의 광야는 희망의 길이다.

이스라엘 민족이 노예로 잡힌 애굽을 탈출하여 비옥한 땅 가나안으로 가기까지는 40년이라는 긴 광야에서의 고난과 시련의 세월이 있었다. 이스라엘 민족이 광야에서 그 고난과 긴 세월을 견디어 낼 수 있었던 것은, 그들이 섬기는 하나님의 약속을 굳게 믿고 비옥한 땅 가나안에 대한 강렬한 희망을 잃지 않았기 때문이었다. 앞서 강조했지만, 희망의 나라는 언제나 고통의 너머에서 기다린다. 그렇기에 광야는 꿈을 이루기 위해서 이겨 내야 할 희망의 길이다.

광야는 신비로운 곳이다.

광야의 여정에도 목마름을 축여 줄 오아시스를 만날 수 있고, 강렬한 태양빛을 가리 울 숲도 있다. 배를 채워 줄 '만나와 같은 음식 또한 공급받을 수도 있다. 신(God)은 우리가 광야의 여정에서 만나는 행운이며 도움이시다.

광야는 오직 자신이 선택한 길이다.

우리가 미래, 더 나은 삶을 위한 도전이 없었다면 인생의 광야에서 일어나는 시련과 고통을 겪지 않을 수도 있다. 하지만 우리는 현실의 벽에 멈춘 인생으로 더 나은 변화된 미래를 기대할 수 없을 것이다. 그렇게 된다면 우리에게 다가오는 미래의 삶은 고통 이상의 현실이 될 것이다. 우리가 만들어 갈 성공적인 삶은 시련을 이겨낸 보상이다.

위대한 여정을 시작할 때이다

광야의 길은 두려움을 이겨내는 여정이 아니라 스스로 꿈꾸는 삶으로의 빛을 찾아가기 위해 고통을 삼키는 위대한 여정이다. 분명 광야는 역경을 이겨내야 할 길이다. 하지만 그곳의 너머에 우리가 꿈꾸는 행복한 삶이 있다.

지금 우리가 머물러 있는 현실이 꿈이 사라진 메마른 땅이라면, 꿈을 되찾고 현재의 생활방식을 변화시키는 용기를 내어야 한다. 성공적인 인생을 꿈꾼다면 거칠고 메마른 땅이지만 광야로 나아가야 한다. 광야의 여정을 이끌어 끝내 성공으로 이끌 위대한 힘은 간절한 당신의 꿈이다. 그 꿈이 당신을 성공적인 삶으로의 지름길로 인도해 줄 나침판이 될 것이다. 나머지는 당신이 되찾아 재무장한 '애티튜드ATTITUDE'가 그 광야의 여정에 동반자가 되어 함께할 것이다. 그것이 이 책에서 주장하는 성공 공식으로 당신이 꿈을 이루는 성공 비결이다.

희망찬 미래, 바라는 변화, 그 미래를 향한 꿈으로 가는 그 길, 광야에서 당신도 그 절망과 시련을 반드시 겪게 될 것이다. 그때 자신이 꿈꾸는 삶의 의미를 깊이 되새겨 보며, '잘될 거야! 잘될 거야!' 스스로 위로하면서 한 발 한 발 앞으로 나아간다면 힘겨운 날을 지나 마침내 소중한 꿈이 당신의 삶이 될 것이다.

KFC의 창립자, 커널 샌더스는 많은 역경을 이겨내고 성공한 사업가이다. 그는 처음 22세에 사업 실패로 전 재산을 탕진했고,

이어서 39세에 주유소 사업으로 다시 전 재산을 날렸다. 40세에 다시 사업을 시작했지만 49세에 자신의 사업 모두가 화재로 완전히 소실되는 절망적인 현실을 맞았다. 또 다시 재기하여 66세에 시작된 레스토랑 사업도 실패하여 4번째 전 재산을 잃었다.

70세가 되어 다시 도전한 그 할아버지는 KFC 프랜차이즈 사업을 90세 사망하기까지 미국 전역에 200개 점포를 세우고, 전 세계 48개국 6천 점포를 운영하는 세계적인 기업으로 성장했다. 그는 실패와 극심한 시련에도 멈추어 있지 않았고, 대신 새롭게 하여 새로운 목표를 향해 광야의 여정으로 담대하게 나아가는 행동을 택했다. 그에게 성공은 더 나은 실패로 미완성을 채우는 과정을 지나 만나는 귀중하고 고귀한 선물이었다.

우리가 인생 여정에서 겪는 시련은 그 이상의 삶을 위한 목적(꿈)과 연결되지 않을 때는 오히려 그 실패와 시련이 성공으로 향하는 여정을 막는 큰 장벽이 된다. 지금도 성공으로 가는 도전의 여정을 주저한다면 과거에 경험했던 오래된 시련의 상처들이 다시 드러나게 될 것이다. 다시 말해 과거의 나쁜 기억들이 되살아나 우리의 미래를 뒷걸음치게 하는 옛 시련의 희생자가 될지도 모른다. 우리가 겪은 시련이 꿈을 이루어 가는 길목에서 만나게 되는 과정의 일부라는 사실을 인식하지 못한다면 절망에 빠지게 된다.

인생에서 겪는 갖가지 시련은 분명 아픔이다. 하지만 우리를 짓누르는 중력이 없으면 걸을 수 없듯이, 그 시련은 꿈을 찾아가는 여정에서 용기를 만들어 내고 더 소중한 깨달음으로 꿈이 현실이 되는 더 큰 감동과 소중함을 안겨줄 것이 분명하다. 성공자들은 간절한 꿈이 있기에 성공하는 삶을 상상하며 더 큰 꿈에 집중하여 견디어 냈다. 그리고 그들은 바라는 미래로의 여정을 포기하지 않았고 기필코 성공을 만들어 냈다. 성공은 포기하지 않은 사람에게만 찾아오는 고귀한 선물이다.

현실보다는 바라는 변화를 꿈꾸는 사람은 그 꿈이 이루어질 때까지 전진한다. 인생 최대의 난관 뒤에는 인생 최대의 성공이 숨어있다. 꿈꾸는 삶을 이루어 낸 사람들은 광야의 여정을 이겨냈기에 그 선물로 현재의 삶이 더욱 소중하고 행복하며 감사하다.

신은 절대로 실패를 바라지 않는다

신(God)은 한쪽 문이 닫힐 때 또 다른 쪽 문을 열어둔다. 그러기에 어느 한쪽 문이 닫히면 다른 쪽의 문, 그것이 창문이든 다른 문이든 열면 된다. 굳게 닫힌 문만을 바라본다면 결국 절망으로 자신이 바라는 미래의 삶으로 나아갈 수 없게 될 것이다. 어느 날 과거를 되돌아보며, "할 수 있었는데~"라고 후회할지도 모른다.

우리가 꿈꾸는 미래를 품고 갈 때, 뜻하지 않게 가는 길이 막혀 다른 문을 찾아야 할지도 모른다. 또 먼 길을 돌아갈 수도 있다. 하지만 우리는 성공 공식 'E'의 끈질긴 노력으로 무장되어 있다. 이 성공 공식 'Endless Effort'는 애티튜드ATTITUDE의 마지막 과정을 이끌어 가는 최고의 에너지로서 우리를 성공으로 인도하는 강력한 의지이며 능력이고 최상의 동반자이다. '애티튜드'가 기필코 우리를 성공으로 인도할 것이다.

마라톤 경주에서 결승점을 4~5키로 정도 남았을 때가 가장 힘든 레이스라고 한다. 하지만 그때가 결승점이 가까워졌다는 희망의 신호이기도 하다. 그렇기에 절대로 포기해서는 안 되는 신호이기도 하다. 우리는 반드시 결승점에 도달할 것이고 꿈꾸는 미래가 현재의 삶이 될 것이다.

마라톤 영웅 황영조는 1994년 히로시마 마라톤에서 결승점 4~5킬로미터가 남은 마지막 오르막길 곡선도로에서 1등으로 앞서가던 일본의 하야타 선수를 제치고 앞서 나가 결국 우승했다. 그 우승으로 황영조는 세계 마라톤 역사상 올림픽, 유니버시아드, 아시안게임 등 3대 종합제전에서 모두 금메달을 거머쥔 유일한 마라톤의 영웅으로 우리 기억에 남아 있다. 나는 지금도 그 감동의 순간을 기억한다. 그 불굴의 의지가 이루어 낸 영웅의 승리이다.

인생에서 정말 포기하고 싶은 순간을 맞게 된다면 성공이 가장 가까이 와 있다는 사실을 기억해야 한다. 우리가 되고 싶은 나, 꿈꾸는 삶을 향한 여정을 포기하지 않고 끈기 있게 노력하기를 계속한다면, 우리는 꿈을 성취하는 성공자의 삶을 얻게 될 것이다. 절대 포기하지 마라.

상기해 보면, 쉽게 이루어지는 꿈에 무슨 성장과 감동이 있겠는가? 누구든 쉽게 이루어지는 것이 간절히 원하는 꿈이라 말할 수 있겠는가? 간절히 소망하는 꿈이 머무는 그곳은, 누구에게나 시련과 역경이 도사리고 있는 비옥하고 광활한 땅이다. 당신이 소중한 꿈의 여정을 끝내 포기하지 않는다면, 비옥하고 광대한 땅에서 행복한 인생이 필시 당신의 것이 될 것이다.

무쇠소녀단의 도전과 고난 그리고 성공

4명의 여성 연예인으로 구성된 '무쇠소녀단'의 철인 3종 경기 도전기를 그린 4개월간의 예능프로그램을 마무리 짓는 통영대회는 철인으로 거듭난 그녀들의 각본 없는 감동의 드라마를 만들어 내었다.

진서연(41세) 수영 트라우마, 유이(38세) 처음 해보는 사이클, 박주현(30세) 그저 그런 특기 없음, 무릎 부상 설인아(38세)가 보여준 고통과 두려움, 그리고 도전의 날에 그녀들은 철인이 되었다.

'삶의 가치는 자신이 만들어 내는 것이다'라는 사실을 몸소 보여준 그야말로 리얼 드라마였다. 그들은 자신이 가치 있다고 정한 목표와 방향대로 도전했고 모두가 그 목표를 실현해 냈다. 그들 모두가 컷오프 없이 무사히 결승점에 도달할 수 있기까지의 과정은 말 그대로 극한 도전이었다. 철인 3종경기 완주라는 목표로 그간의 엄청난 고통의 훈련 과정을 극복하고 드디어 완주로 성공을 만들어 냈다.

경기 도중 무릎 부상으로 절망적 상황을 강한 의지로 이겨낸 설인아는 결승점을 통과한 후, "나 자신을 믿어주는 나 자신을 믿었다"고 고백했다. 박주현은 "나는 나와의 싸움에서 진 적이 없었다. 나는 과정에서 이겨내어 그것을 증명했다"고 외쳤다. 눈시울이 적셔졌다. 연장자 41세의 진서연은 경기 내내 위태위태했지만, "나는 할 수 있다", "나는 해낸다"를 수없이 외치며 포기를 거부했다. 그는 '긍정의 힘은 언제나 고난의 강을 건널 수 있게 한다'는 격언을 행동으로 증명해 낸 것이다. "두려움을 이겨냈다"라고 감격의 눈시울을 적신 유이를 비롯한 4명 모두가 이룬 승리는 자신들의 가치를 증명한 '철인'으로 거듭난 새로운 역사를 만들어 낸 것이다. 그들이 보여준 용기와 도전은 또 한 편의 감동의 리얼 드라마를 만들어 냈다.

Review Box

씨앗의 법칙, 심은 대로 거둔다

신은 우리에게 마음의 밭을 선물로 주셨다. 우리 인생은 농부와 같이, 겨울이 봄과 여름으로 이어지고 그것이 다시 가을과 겨울로 이어지는 각각의 계절에 맞도록 그 본질이 연속되듯, 이 연속적 순환 속에서 그 밭에 씨앗을 뿌리고 잘 관리하여 기대하는 열매를 맺는 과정과 같다. 그 인생의 밭에 무엇을 심어 바라는 열매를 맺을 것인가는 우리 각자가 추구하는 꿈과 목표에 달려있다. 이민규는 『끌리는 사람은 1%가 다르다』에서 씨앗의 법칙을 제시하고 있는데, 이를 재구성하여 인생의 본질을 알아채려 보자.

먼저 뿌리고 나중에 거둔다.

거두려면 먼저 씨를 뿌려야 한다. 중요한 것은 어떤 씨를 뿌릴 것인가이다. 인생에서 씨는 꿈과 목표이다. 그 꿈은 자신이 바라는 삶으로의 변화이며, 미래이다.

뿌리기 전에 밭을 갈아야 한다.

씨가 뿌려지기 전에 먼저 밭을 잘 갈아야 한다. 마찬가지로 마음의 밭이 좋은 땅, 옥토가 되도록 긍정적인 마음가짐으로 잘 무장되어 있어야 한다. 아무리 좋은 씨(재능)라 할지라도 돌밭이나 가시덤불 속에 씨를 뿌린다면 바라는 좋은 열매를 맺을 수 없다. 마음의 옥토는 자신이 바라는 꿈과 목표를 달성하고자 하는 마음 자세와 굳건한 결의로 무장되어 있어야 한다. 이 책에서 옥토는 바로 애티튜드ATTITUDE이다.

시간이 지나야 거둘 수 있다.

어떤 씨앗도 뿌린 후 곧바로 열매를 거둘 수 없다. 무슨 일이든 시작했다고 해서 즉각 그 결과를 기대할 수 없듯이, 그믐으로 기울어 사라졌던 달이 다시 차올라 만월이 되듯, 꿈이 차오르는 그 희망의 새날로 가는 그날을 인내하며 기다려 줄 수 있어야 한다.

뿌린 씨가 전부 열매가 맺어지지는 않는다.

씨를 뿌렸다고 다 열매를 맺지는 않는다. 필요한 영양분을 공급하고, 예기치 않게 닥치는 세찬 바람과 폭우를 피할 수 있도록 대비하여야 할 것이다. 하지만 헛된 노력도 있다. 때로 농부가 그동안의 농사 경험이나 일기예보를 통해 폭풍이 몰아칠 수 있음을 짐작할지라도 폭풍이 강타하면, 그는 사력을 다해 폭풍과 맞서기도 하지만 그러한 상황을 견뎌내는 것이 더 중요하다. 왜냐하면 폭풍으로 남겨진 결과와 상관없이 농부로서의 삶이 계속되어야 하기 때문이다. 인생 역시 농부의 그런 견뎌 냄과도 비슷하다. 모든 일에 성공할 수만은 없다는 것이다. 바라는 것(꿈, 목표)을 완전하게 달성할 수 없을지도 모른다. 하지만 분명한 사실은 포기하지 않고 견뎌낸다면 원하는 것을 모두 이룰 수는 없을지라도 결국 자신이 바라는 미래에 도달할 수 있을 것이다. 나의 꿈은 큰 도시의 대학교 교수였지만, 작은 도시의 작은 대학의 교수가 되었다. 하지만 그곳은 내가 바라는 행복한 삶의 터전이 되었다.

뿌린 것보다 더 많이 거둔다.

심은 대로 거둔다. 세상에 공짜는 없다. 땀 흘린 만큼 거두지만, 실제는 모든 씨앗에서 열매가 다 맺지는 않지만 뿌린 것보다는 더 많이 거둔다. 좋은 땅에 좋은 씨를 잘 준비해서 뿌리고 가꾼다면 더 많은 것을 수확할 수 있다.

수확에 감사할 수 있어야 한다.

수확한 결과에 감사하는 자세를 갖는 것은 매우 중요하다. 감사할 줄 알아야 행복해질 수 있다. 그리고 행복한 삶을 위해 남겨두어야 할 것이 무엇인지 생각해 노후를 준비하는 삶을 살아야 한다. 마찬가지로 꿈을 향한 도전에서 적절한 휴식과 건강관리, 자기 격려 등의 여유가 필요하다.

마음의 밭에 심어지는 씨앗은 가능성이 충만한 존재로서 희망찬 미래가 담겨 있다. 하지만 인생의 씨앗이 잘 준비된 마음의 밭, 즉 옥토(ATTITUDE)에 심어지지 않는다면 보잘것없는 열매를 맺을 수밖에 없을 것이다. 이것이 심은 대로 거두는 법칙의 본질이다.

인생 또한 심은 대로 거둔다. 우리가 인생에서 목적하는 바, 그 아름다운 성공은 우리가 힘껏 사용한 긍정적인 마음의 터에 꿈, 희망, 믿음, 상상, 절제, 깨달음, 변화 그리고 끈질긴 노력이라는 아름다운 애티튜드ATTITUDE 위에서 얻어 낸 수확이다. 어떤 것도 희생 없이는 결코 이루어지지 않는다. 성공의 E 법칙으로 끊임없이 노력하는 사람은 반드시 그 노력의 결실을 얻게 된다. 인생은 심은 대로 거두는 법칙 안에 있다.

희망의 닻을 올려라

 당신이 꿈꾸는 삶에 도전하는 여정에서 앞에 놓인 현실은 당신이 꿈꾸는 미래와 비교될 수 없을 만큼 매우 제한적이거나 사소한 것일 수 있다.
 당신은 그 꿈과 목표를 향해 나아가는 희망의 닻을 올렸다. 그리고 그곳으로 힘차게 나아가고 있다. 이 항해에서 당신에게 닥칠 예기치 않았던 풍랑, 거세고 높은 파고, 항로 이탈 그리고 멈춤의 시간 등의 시련은 먼 인생 항해에서 당신을 더욱 성숙하게 하는 중요한 담금질 과정이 될 것이다.
 미국의 의사이며 시인이기도 한 올리버 웬들 홈스(Oliver W. Holmes)은 "이 세상에서 위대한 것은 우리가 현재 있는 곳이 아니라 우리가 나아가고 있는 방향이다"라고 했다. 지금의 내가 현재의 나를 만들었지만, 새롭게 만들어 갈 나는 지금과는 다를 것이다. 그것이 당신이 먼 항해를 시작한 이유이며, 이 항해로 펼쳐지게 될 희망찬 미래, 꿈꾸는 삶이다. 어둠이 지나면 밝은 날이 반드시 오듯이, 당신은 결코 항해를 포기하지 않을 것이고, 끝내는 당신이 되고 싶은 사람이 되어 원하는 삶을 살아가는 성공적인 인생이 현실이 될 것이다.

절대로 포기하지 마라

꿈을 찾아가는 광야의 길에는 포기라는 단어를 두고 가라. 광야의 길은 두려움을 이겨내는 여정이 아니라 꿈을 찾아 새로운 길을 만들어 가는 위대한 여정이기 때문이다. 분명 광야는 역경을 이겨내는 도전과 고난의 길이다. 하지만 그곳 너머에 우리가 꿈꾸는 행복한 삶이 있다. 1984년 노벨문학상 수상자이자 시인 토머스 엘리엇(Thomas S. Eliot)이 말한 대로, "인생에 바라는 그곳에 도달하기 위하여, 가고자 하는 곳에 가기 위하여, 떠나야 할 곳에서 떠나기 위하여, 황홀함이 없는 곳을 지나야 한다"는 말을 잊지 말아야 한다. 분명 꿈을 찾아 새로운 길을 가는 우리에게 광야는 역경의 길이지만 반드시 지나야만 할 성공의 길이다.

우리가 쉽게 이루어지는 일을 간절하게 꿈꾼다고 하지 않는다. 감사하게도 신은 우리에게 견딜 수 있을 만큼의 시련을 준다고 하지만, 그 말을 믿기 어려울 정도로 시련은 아프고, 고통스러운 일들이 계속될 때도 있다. 또 포기해야 할 정말 절묘한 핑계들도 생길 수도 있을 것이다.

나에게도 쏟아진 절묘한 비난과 저항, 그리고 핑계…. "스카이 대학을 나오지 않았는데 대학 교수가 되겠어! 직장을 그만두고 공부를 시작하면 부모님의 생활비와 동생들의 학비는 어떻게 해!" 등의 비난, 원망 섞인 말과 호소는 정말 아픈 기억이다. 기름 값이 없어 차를 도중에 세워 두고 쏟아지는 비를 맞으며 40키로 이상을 걸어야 했던 일, 책을 살 돈이 없어 지도 교수의 책을 빌려 밤새 복사해야 했던 무력한 시간들, 등록금을 빌려주겠다던 친척들의 변심으로 늦은 나이에 시작된 대학원 박사과정을 1년간 휴학해야만 했던 허탈했던 일, 생활고로 2~3개의 아르바이트를 병행함에 따라 늘 잠이 모자랐던 무력감, 엄습해 오는 미래에 대한 불안감 등 시련이란 것들이 겹쳐서 오는 법이라고 했든가, 겹겹이 버티기 힘든 삶의 굴레로 무너질 것 같은 절망적인 상황들, 그것들이 내가 경험한 아주 작은 광야에서의 아픔이었다.

하지만 아무리 긴 밤이라도 반드시 새벽이 찾아오듯이 지금 겪고 있는 고통과 시련 또한 필시 지나간다. 상기해 보면 잠시 멈추어 서기도 했다. 그리고 내가 이곳에 있어야 할 이유, 그리고 꿈에 대한 열망과 진지하게 대화했다. 거부하기 힘든 유혹도 있었다. 공적 기관에서 투자한 연구소의 연구원 제안도 있었지만 나의 길을 믿고 그 길을 갔다. 내 삶의 여정에서 주어지는 경험들은 역경을 딛고 반드시 결과물을 만들어 냈다. 나의 작은 경험이지만 당신도 절대로 가던 길을 멈추지 말기 바란다. 우리는 우리 자신의 아름다운 성공 이야기를 만들어 낼 수 있다.

성공은 결국
'애티튜드ATTITUDE'에 달려 있다

　소리개, 일명 솔개는 가장 장수하는 조류로 최고 약 70살의 수명을 누릴 수 있다. 하지만 이렇게 장수하려면 약 40살이 되었을 때 매우 고통스럽고 중요한 결단을 해야만 한다. 솔개는 약 40년을 살게 되면, 발톱이 노화하여 사냥감을 효과적으로 잡아챌 수 없게 된다. 부리도 길게 자라고 구부러져 가슴에 닿을 정도가 되고, 깃털이 짙고 두껍게 자라 날개가 매우 무겁게 되어 하늘로 날아오르기가 나날이 힘들게 된다.

　이때쯤이면 솔개는 두 가지 선택이 있을 뿐이다. 그대로 죽을 날을 기다리든가 아니면 약 반년에 걸친 새로 태어나는 매우 고통스러운 과정을 수행하는 것이다. 새로 태어나는 길을 선택한 솔개는 산 정상 부근으로 높이 날아올라 그곳에 둥지를 짓고 머물며 고통스러운 수행을 시작한다. 먼저 부리로 바위를 쪼아 부리가 깨지고 빠지게 만든다. 그러면 서서히 새로운 부리가 돋아나는 것이다. 그런 후 새로 돋은 부리로 발톱과 깃털을 하나하나 뽑아낸다. 그 과정에서 몸은 피범벅이 된다. 참으로 견디기 힘든 고통일 것이다. 그러한 인고의 고통과 인내의 과정을 겪은 후, 새 깃털이 돋아난 솔개는 완전히 새로운 모습으로 변신하게 되어 다시 힘차게 하늘로 날아올라 30년의 수명을 더 누리게 된다.

솔개와 같은 거듭남의 변화를 시인이며 작가 정호승은 그의 『산문집』에서, "우리는 오늘이라는 벽 앞에 내일이라는 새로운 삶을 위해 솔개처럼 선택과 결단의 문을 열어야 할 때가 있다."라고 말한다. 우리 인생도 큰 꿈을 품고 가는 여정에서는 반드시 솔개와 같은 고통과 인내의 과정이 요구될 수도 있다. 『마지막 강의』의 저자 랜디 포시 교수는 인생의 길에서 만나는 장벽에 대해 "장벽이 있다는 것은 이유가 있다. 장벽이란 우리가 무엇을 얼마나 절실하게 원하는지를 가르쳐 주는 기회를 제공하는 것이지만, 그렇지 않은 사람에게는 그 앞에 멈추게 하려고 거기에 있다는 것이다."라고 전해 주고 있다.

그의 『마지막 강의』에서의 교훈은 자신에게 주어진 인생의 벽을 두려움, 절망의 벽으로 생각한다면 결코 그 벽은 넘을 수 없는 장벽일 것이다. 그래서 장벽 뒤에 열려있는 성공과 희망의 길을 보지 못할 것이다. 같은 벽이지만 그것을 바라보는 마음가짐, 즉 태도에 따라 그 선택과 행동은 달라질 것이고 그에 따라 결과의 차이를 만들어 낼 것이다.

놀라지 마시길 바랍니다. 우리에게는 바라는 인생을 위해 꿈으로 가는 문을 여는 성공의 열쇠를 가지고 있습니다. 우리 안에는 꿈꾸는 삶이 현실이 되고자 하는 희망과 어떠한 어려움도 이겨내겠다는 마음의 결의, 즉 인생 태도를 새롭게 결의하여(RE-ATTITUDE) 굳게 한 '애티튜드ATTITUDE'로도 무장되어 있습니다. 이제 당신의 성공 발자취를 만들어 가는 첫걸음을 시작해 보시기를 기원합니다.

당신이 맞이하게 될 오늘은 눈부시게 아름다울 것입니다. 반드시 승리할 것입니다. 감사합니다.

참고 문헌

- 고도원, 『(아침편지 고도원의) 사랑합니다 감사합니다』, 홍익출판사, 2011, p. 130
- 김봉관, 『성공적 인생을 위한 인간관계와 커뮤니케이션』, 대왕사, 2022, pp. 72-73, pp. 162-168
- 권석만, 『인간 이해를 위한 성격심리학』, 학지사, 2017, pp. 332-334, pp. 336-337, pp. 386-387, p. 558, pp. 560-561
- 이민규, 『끌리는 사람은 1%가 다르다』, 더난출판, 2014 재인용
- 손은주, 『긍정심리와 행복』, 동문사, 2018 재인용
- 연준혁, 한상복, 『보이지 않는 차이』, 위즈덤하우스, 2010, p. 180
- 여훈, 『최고의 선물』, 스마트비즈니스, 2005, p. 22
- 오프라 윈프리 저, 노혜숙 역, 『위즈덤 - 오프라 윈프리, 세기의 지성에게 삶의 길을 묻다』, 다산책방, 2019, p. 50, p. 253
- 웨이슈잉 저, 이정은 역, 『하버드 새벽 4시 반』, 라이스메이커, 2015, p. 25, p. 77

- 장샤오헝 저, 최인애 역, 『느리게 더 느리게』, 다연, 2014, pp. 38-39, pp. 115-116, p. 190, p. 236
- 정광호, 『CEO 경영우언』, 매일경제신문사, 2005 재인용
- 구본권 기자, 〈솔개 경영론은 과학인가, 우화인가?〉에서 재인용-(https://www.hani.co.kr/arti/economy/economy_general/121920.html)
- 정호승, 『내 인생에 용기가 되어준 한마디』, 비채, 2013, p. 23, p. 381
- 차동엽, 『무지개 원리』, 위즈앤비즈, 2007, p. 147
- 하오런 저, 송은진 역, 『하버드 강의 노트』, 레몬북스, 2017, p. 62, p. 65, p. 87 참고
- 에밀 쿠에 저, 최준서 역, 『자기암시』, 하늘아래, 2008, p. 62
- 앤절라 더크워스 저, 김미정 역, 『그릿GRIT』, 비즈니스북스, 2022, p. 29
- 김봉관, 『성공적 인생을 위한 인간관계와 커뮤니케이션』, 대왕사, 2022, pp. 29-30 재인용
- 랜디 포시 & 제프리 재슬로 저, 심은우 역, 『마지막 강의』, 살림, 2008, p. 115, p. 270
- 루이스 L. 헤이 저, 박선령 역, 『하루 한 장 마음챙김 긍정 확언 필사집』, 니들북, 2022, p. 341
- 루이스 하우즈 저, 정지현 역, 『그레이트 마인드셋』, 포레스트북스, 2023, pp. 339-340
- 스태니슬라우스 케네디 저, 이해인 & 이진 공역, 『영혼의 정원』, 열림원, 2015, p. 71
- 존 크럼볼츠 & 라이언 바비노 저, 이현정 역, 『천 개의 성공을 만든 작은 행동의 힘』, 프롬북스, 2014, p. 28
- 하워드 슐츠 & 도리 존스 양 저, 홍순명 역, 『스타벅스 커피 한잔에 담긴 성공신화』, 김영사, 2005, p. 79
- Harris, T. A. (1969), I'm ok you're ok, New York: Harper & Row Pub., Inc. 재인용
- Luthans, F. (2002), "The need for and meaning of positive organizational

behavior", Journal of Organizational Behavior, 23(6), pp. 695-706 참조
- Luthans, F. & Youssef, C. M. (2004), "Human, social and now positive psychological capital management: Investing in people for competitive advantage", Organizational Dynamics, p. 33, pp. 143-160
- Stajkovic, A. D., & Luthans, F. (1998a), Self-efficacy and work-related performance: A meta-analysis, Psychological Bulletin, 124, pp. 240-261
- Youssef, C. M., & Luthans, F. (2007), "Positive Organizational Behavior in the Workplace the Impact of Hope, Optimism, and Resiliency", Journal of Management, p. 33, pp. 774-800
- Zhou, J., & Ren, R. (2012), "Striving for creativity: Building positive contexts in the workplace", The Oxford Handbook of Positive Organizational Scholarship, p. 97, p. 109